무엇이
내 가슴을
뛰게 하는가

무엇이

성공도 행복도 꿈꾸는 자의 것이다.
성공학의 교본, 인당 백낙환 이사장의
실패와 좌절을 통해 배운

성공법칙 25 + 성공지수

내 가슴을

김창룡 지음

뛰게 하는가

이지출판

나는 왜 성공실패학을 논하는가

탁월한 사람은 성공을 향한 일관된 경로를 따라간다.

나는 이것을 '최고 성공공식'이라고 부른다.

이 공식의 첫 번째 단계는 목표를 분명히 아는 것이다.

다시 말해서 당신이 무엇을 바라는지 분명하게 정의내리는 것이다.

두 번째 단계는 행동을 취하는 것이다.

그렇지 않다면 소망은 항상 꿈에 머물러 있을 것이다.

당신은 원하는 결과를 만들어 내는 데 최고의 확률을 가져올 것이라고

믿는 행동을 취해야 한다.

– 앤서니 라빈스 〈무한능력〉 중에서

최고의 성공공식은 먼저 '목표를 정하고' 그 다음 '행동을 취하는 것'이라고 설명하고 있다. 이 말은 매우 평범해 보이지만 성공법칙을 이보다 더 잘 설명하기도 쉽지 않다. 이처럼 단순화시킨 공식대로

하는데도 모두 반드시 성공할 수 없는 것은 '과정의 변수' 때문이다.

성공으로 가는 인생 과정의 변수는 개인에 따라 환경에 따라 기업에 따라 천차만별로 나타난다. 그런 변수를 정리하여 '성공법칙 25가지'를 정리했다. 누구나 꿈꾸는 인생의 성공, 누구나 피해 가고 싶은 실패 과정에 대해 고민하고 연구하는 것은 인문사회학도의 업(業)이라고 믿는다.

내가 성공실패학에 집중하게 된 데는 최소한 세 가지 분명한 이유가 있다.

첫 번째는 내가 남들 앞에서 언제든 주저없이 가장 존경하는 사람이라고 자랑하는 인당 백낙환 박사와의 만남이 있었기 때문이다. 그는 나의 인생의 스승이며 멘토다. 그는 성공이 무엇인지 몸으로 보여주며 깨닫게 하는 내가 만난 최고의 지도자다.

내가 성공실패학에 관심을 갖게 된 것은 1999년 인제대학교 교수로 임용되고부터다. 정확하게는 당시 인제대학교 총장 인당 백낙환 박사를 만나 그의 리더십과 인간적 장점에 매료되기 시작하면서부터였다.

그의 인간적 장점과 리더십의 실체는 한 마디로 인제대학교와 백병원을 위해 사사로운 욕심 없이 헌신하며 윤리경영에 앞장서고 있는 모습이었다. 가까이서 그의 공익정신과 학생들에 대한 사랑과 열정, 통일에 대한 철학, 그리고 그를 따르는 능력 있는 참모들의 지지 등은 따로 말이 필요없었다. 그의 놀라운 실천력과 성실성은 가까이서 보는 것 자체가 감동이었다. 인제대학교와 전국 5개 백병원의 이사장이라는 말만으로는 그에 대한 설명이 부족하다.

그가 실패와 좌절을 극복하고 일궈 낸 성과들은 놀랍다. 더 놀라운 것은 그의 성취는 사회 공익과 상생정신, 윤리경영을 바탕으로 하고 있다는 점이다. 나는 그의 성공문법을 배우고 실천하면서 스스로 조금씩 바뀌고 있음을 경험했다. 그를 만난 것이 내 인생에 큰 행운이라고 생각한다. 나의 행운을 주변 사람과 나누는 것은 배운 자의 의무라고 믿는다. 특히 나는 이것을 우리 인제대학교를 선택한 학생들과 먼저 공유하고 싶었던 것이 첫 번째 이유다.

두 번째 이유는 학생들 때문이다.

지방에선 인제대학교가 명문이며 경향신문, 중앙일보 등 각종 평가에서 전국 30위권 안에 드는 우수 대학교라고 하지만 수도권으로 올라오면 '무명'의 대학교로 평가절하되는 현실. 심지어 강원도 인제에서 오지 않았느냐고 묻는 지방대에 대한 무관심과 냉대는 나를 곤혹스럽게 만들었다. 내가 가르치는 많은 학생들은 이미 크고 작은 마음의 상처를 안고 있었다. 내가 갖고 있는 인제대학교에 대한 자부심이나 긍지와는 차원이 달랐다. 물론 인제대학교가 최고라는 식으로 자랑하려는 것은 아니다. 부족한 것은 부족한 대로 바로 우리가 이를 개선, 발전시켜야 할 몫도 있는 것이 아닌가.

결정적 계기는 한 작가가 제공했다. 그는 호주에 갔다가 우연히 인제대학교 졸업생과 만나 대화를 나누게 되었는데, 자부심은커녕 학교 이름조차 밝히기를 꺼리더라는 것이었다. 이 얘기를 듣는 순간 나는 학생들에게 인제대학교의 건학이념과 실체에 대해 정확하게 알리는 것이 급선무라고 생각했다. 또한 인제대학교가 발전하려면 학생 한 명 한 명을 성공시키는 것이 반드시 필요하다고 믿었다. 이것이 인당 백낙환 박사가 교수들로부터 기대하는 것이리라는 기대도 물론 있었다. 학생들의 성공 없이 대학 발전은 불가능하기 때문이다.

마지막으로 내 개인적인 이유 때문이다.

내 이력서에는 AP통신사 서울특파원, 국민일보 기자 등이 있지만 기자 시험에 수십 번이나 낙방한 경험은 적혀 있지 않다. 끝내 연령 제한으로 기자 시험조차 칠 수 없는 상황에서 이스라엘로 떠나야 했고 그곳에서 다시 태권도 사범 생활을 했다. 지중해를 바라보며 눈물과 땀으로 얼룩진 도복을 부여잡고 긴 시간 고난과 시련을 견뎌내야 했다.

그런 과정을 거친 후 나는 대한민국의 교수로 임용되는 과정에서 또다시 7년 동안 31번 떨어진 패배의 아픔을 거쳐야만 했다. 삼수생 출신인 내가 떨어지고 패배하기를 밥 먹듯이 했고 그 순간순간의 처절한 좌절감과 실패의 아픔은 지금도 기억하기 싫을 정도다.

나의 거듭된 실패에는 여러 가지 이유가 있었지만 나만 잘 모르고 있었다. 나는 경험상으로는 실패전문가 경지에 다다랐지만 그 실패의 분석과 성공문법은 제대로 모르고 있었던 것이다. 인당 백 박사를 만나 성공문법을 목격하고 흉내를 내기 시작하면서 깨달음을 얻게 된 것이다.

나는 내가 배운 것들을 나처럼 반복되는 좌절과 실패의 늪에서 눈물 흘리는 사람들과 공유하고 싶었다. 실패가 되돌아보면 얼마나 훌륭한 자기훈련의 기회를 제공했는지 좀 더 설득력 있게 전하고 싶었다. 나아가 성공만을 꿈꾸는 젊은이와 학부모들에게 실패의 가치와 중요성을 강조하고 싶었다.

내가 각종 신문이나 방송에 자주 이름을 올리는 중요한 이유 중의 하나는 '인제대학교'의 인지도를 올려야 한다고 생각하기 때문이다. 그것은 교육과는 별개로 내가 인제대에 선택된 주요 이유라고 스스로 생각한다. 모든 교육이 서울, 수도권 중심으로 돌아가는 상황에서 인제대가 지방에 있다는 이유 하나만으로 실제보다 너무 평가절하되어 있다고 믿고 있다.

인당은 나를 포함한 신임 교수들을 뽑는 자리에서 "교수님들, 지방에서 2,3년도 안 되어 서울로 가는 분들이 많은데, 지방 대학교에 봉사 좀 해 주세요"라고 부탁했다. 그때 나는 속으로 "각종 매체에 학교 이름을 알리는 데 최선을 다하겠다"고 다짐한 바 있다. 그 후 이런 초심을 실천하기 위해 나름 노력해 왔다고 믿는다.

일부에서는 '매스컴 학자'라는 비판을 할 수도 있다. 나는 그런 비판을 기꺼이 받아들일 것이며 전공 또한 매스컴이니 그것이 과히 나쁜 것만은 아니라고 생각한다. 누구나 자신이 처한 환경에서 최선을 다한다면 그것도 성공의 한 과정이라고 본다. 인생은 때로 결과만큼 과정도 중요한 법이다. 각자 살아가는 방식이 다르듯 평가도 달라야 한다. 비교에서 불행이 시작되는 만큼 부당한 비교는 자제하는 것이 누구에게나 필요하다.

이 책에서 새롭게 도전하는 것이 성공지수(Success Index) 개발이다. 매우 추상적이고 다양한 변수가 있는 각 개인의 성공 가능성을 수치로 알아보기 위해 최초로 성공지수 공식을 만들어 본 것이다. 통계 전문가의 도움을 받긴 했지만 아직 임상실험과 결과분석 등 더 많은 연구가 필요하다. 하지만 각 개인이 자신의 성공을 위한 강점과 약점, 문제점 등을 파악하고 대비하는 데 유용한 자료로 활용될 수 있도록 나름 최선을 다하고자 했다.

궁극적으로 인제대학교가 발전하려면 학생 개개인의 성공이 가장 중요하듯, 대한민국이 선진국이 되려면 국민 개개인의 성공이 더 많아져야 한다고 생각한다. 불민한 나는 어쩌면 너무 많은 실패와 좌절 속에 뒤늦게 깨달음을 얻은 것인지도 모른다. 아직도 여전히 갈 길이 멀다. 하지만 값비싼 실패의 교훈, 성공의 문법을 독자들과 함께 공유하기를 희망한다.

2011년 3월

인제대학교 신문방송학과

김창룡

CONTENTS

무엇이 내 가슴을 뛰게 하는가

제1장

성공법칙 25

막연한 꿈은 망상으로 끝날 확률이 높다. 변수로 가득한 미래를 위해 완벽한 설계도를 마련해야 하는 것도 아니다. 그러나 목표를 위한 구체적이고 단계적인 계획은 꼭 필요하다. 실패하는 사람들은 '말로 자신의 패배를 변명'하며, 성공하는 사람들은 '구체적 성취로 자신의 성공을 입증'하는 법이다.

자기 자신을 귀하게 여겨라

● 자부심이 왜 중요한가
● 자신감을 기르는 5가지 방법

'당신은 스스로 자신을 어떻게 평가하는가.'

나는 남들의 평가에 앞서서 자신의 평가가 가장 우선한다고 믿는다. 스스로 자신을 하찮은 사람으로 인식하고 있다면 그렇게 될 확률이 매우 높다. 이런 유형의 사람들은 '이래도 한 세상, 저래도 한 세상'이라는 태도로 삶의 애착이나 인생에 대해 큰 의미를 부여하지 않는 편이다.

성공하는 사람들의 공통점을 간추려 '성공법칙'이란 것을 만들면서 첫 번째로 내세운 것이 '자기 자신을 스스로 귀하게 여겨 달라'는 것이다. 연구 과정에서 이것이 가장 중요하고 성공의 첫 출발점이라는 생각이 들었기 때문이다.

성공한 사람들은 공통적으로 자신을 귀하게 여기고 자신을 가꾸고 평판을 중시한다. 자신을 아끼는 사람은 경거망동하지 않는 법이다. 이와는 반대로 실패하는 사람들은 자신을 함부로 굴리고 감정에 따라 쉽게 흔들리는 모습을 볼 수 있다. 때로는 상상을 초월하는 극단적 행동도 서슴지 않는다.

2009년 '크리스마스 비극'이라는 제목으로 대부분의 언론은 20대 대학생이 부모를 살해했다는 끔찍한 뉴스를 전했다. 경찰은 대학생 김씨가 크리스마스 이브에 영암군 자신의 집에서 군청 직원인 아버지를 둔기로 때려 살해하고, 어머니도 흉기로 찔러 살해했다고 발표했다.

장남인 김씨는 경찰 조사에서 '아버지한테 뺨을 몇 차례 맞고 홧김에 둔기를 휘둘러' 살인을 저질렀다고 했다. 그는 한순간의 화를 참지 못해 존속살인이라는 무서운 죄명을 쓰고 복역중이다. 부모는 저 세상 사람이 되었고, 아들은 살인마가 되었다. 한순간의 분노가 자신을 망치고 가정을 분해시켜 버렸다. 단순한 감정적 실수로 넘어가기에는 결과가 너무 엄청났다.

나는 부산의 어느 교도소에 특강을 하러 간 적이 있다. 그때 한 할머니의 안타까운 사연을 알게 되었다. 뒤늦게 본 아들이 부산에 있는 대학교 대학원에 다니고 있었는데, 어느 날 술집에서 사소한 말다툼 끝에 선배를 칼로 찔러 숨지게 해 '영어의 몸'이 된 것이있다.

그 순박한 대학원생은 졸지에 살인범이 되어 수갑을 찬 모습으로 노모 앞에서 눈물만 흘리고 있었다. 시골에서 자랑거리였던 대학원생이 한순간에 범죄자가 되어 노모 앞에서 고개를 떨군 모습. 그 실수는 잘못된 습관, 실패한 행동에서 비롯되었던 것이다.

자신을 아끼는 사람은 감정에 따라 함부로 극단적 행동을 하지 않는다. 극단적 용어나 감정적 폭발 등도 자신의 이미지, 대인관계를 망치는 행위라는 것을 알기 때문이다.

자신을 귀하게 여기라고 주문하는 것이 '거만하라' 는 뜻은 아니다. 영어에 나를 의미하는 'I' 라는 글자는 문장 어디에 놓이더라도 대문자 그대로다. 서양의 인식론에서 '나' 라는 존재는 그만큼 소중하다는 가치철학을 읽을 수 있다.

한국은 상대적으로 집단의식이 강해 개인의 존재는 쉽게 무시되는 경향이 있다. 집단 속에 개인의 모습은 초라해질 수도 있고 평가절하되기도 한다. 자칫 개인의 인권과 명예 등이 소홀히 다뤄질 위험성이 우리 사회에는 항상 존재한다.

남이 뭐라고 하기 전에 성공하는 사람들의 공통점은 스스로 자기관리, 자기존중에 익숙한 사람이라는 사실을 기억하자. 자기를 존중할 줄 아는 사람이 타인도 배려하고 아끼는 법이다. 성녀로 추앙받는 테레사 수녀는 오늘날 최악의 병에 대해 이런 말을 남겼다.

"오늘날 최악의 병은 나병이나 결핵이 아니라 자신이 필요 없는 존재라고 느끼는 것이다. (The biggest discease today is not leprosy or tuberculosis, but rather the feeling of being not wanted.)"

:: 자신감을 기르는 5가지 방법

1. 나에게는 훌륭한 인생을 구축할 능력이 있다.

   그래서 나는 절대로 중도에서 그만두지 않는다.

2. 내가 마음속으로 강렬히 원하는 것은 무엇이든지

   반드시 실현될 것이라고 확신한다.

   그래서 매일 30분 이상 성취한 모습을 상상한다.

3. 나는 자기 암시의 위대한 힘을 믿고 있다.

   '나는 할 수 있다, 나는 될 수 있다' 는 사고로 성공한 사람이 많다.

   그래서 매일 10분간 정신을 통일하여 자신감을 기르기 위한

   '자기암시' 를 건다.

4. 나는 인생의 목표를 명확하게 종이에 쓴다.

   다음은 한 걸음 한 걸음 자신감을 가지고 전진해 가는 것이다.

5. 나는 정도(正道)에 따라 행동하지 않고는 부도 지위도 결코

   오래 가지 않는 것을 잘 알고 있다.

   그래서 이기적이거나 비열한 방법으로는 성공하지 않겠다.

– 나폴레옹 힐

자신의 가치는 자기가 매기는 법이다. 스스로 하찮게 행동하면 그 누구도 존중해 주지 않는다. 스스로 위엄과 품격을 갖춰 자신의 평판을 지켜야 한다. 중세 철학자 발타사르 그라시안은 이런 유명한 말을 남겼다.

"모든 사람은 자기 나름의 방식으로 왕처럼 행동해야 한다. 비록 왕이 아니라고 해도 모든 거동이 왕과 비교해서 손색이 없도록 하라. 행동은 숭고하고 생각은 드높아야 한다. 실제로 왕이 아니라고 해도 모든 일에서 왕이 될 자격이 드러나야 한다."

세계 최고의 부자로 손꼽히며 동시에 '기부의 대가'로 알려진 성공한 기업가 빌 게이츠는 성공 명언으로 이런 어록을 남겼다.

"인격이 성공의 밑천임을 기억하라. 자신을 통제하는 습관을 가져라. 훈련을 통해 좋은 습관을 만들어라. 나쁜 습관은 과감히 버려라."

결국은 자신을 가꾸고 다듬는 데 최선을 다하라는 메시지다. 성공과 실패의 차이는 이를 아느냐 모르느냐에 있는 것이 아니다. 이를 알고 실천하느냐 실천하지 않느냐에 달려 있다.

성공하고 싶다면 하나뿐인 자신의 삶을 사랑하고 자신을 귀하게 존중해 주라. 미국 위스콘신대학 연구팀은 최근 내놓은 보고서에서 자부심을 갖고 살아가는 사람이 건강을 유지하고 오래 살 수 있다고 밝혔다. 또 낮은 자부심이 남자는 개인적 실패와 흡연, 음주과 관련이 있으며 여자의 경우는 체중, 흡연, 음주 등과 관련이 있다고 지적했다.

자부심이 왜 중요한가

이규성 칼럼/성공 칼럼 2010/11/07 16:07

성공과 실패를 좌우하는 열쇠는 무엇일까?

이 명제는 지리산을 올라가는 길이 몇 개인가 하는 질문과 비슷하다.

그렇다! 정답은 무수히 많다.

바위를 타고 올라가든 가시밭길을 골라서 올라가든 올라가면 되는

것이기 때문이다.

정상을 정복하고 싶다면 정상으로 올라가는 길을 걸어야 할 것이다.

그리고 보다 확실한 방법은 많은 길 중에서 지름길을 선택하고

지름길로 올라가는 것이다.

우리 인생은 무지 긴 것 같아도 지나고 나면 순간이라고 할 만큼

짧은 게 또한 인생이다.

그래서 다들 성공의 지름길로 올라가고 싶어하는 것이다.

그러면 성공을 향한 지름길은 무엇일까?

성공을 향한 지름길!

여러 개의 지름길 그 가운데는 자부심이 있다.

그러면 자부심은 무엇이고, 자부심이 왜 중요한가!

자부심은 자신의 능력에 대한 자신의 생각이고 자신의 가치에 대한

자신의 인식이다.

자신을 가치 없다고 생각하는 사람이 가치 있는 사람이 될 수 없고,

자신을 능력 없다고 스스로 생각하는 사람이 자신감을 가지고
능력을 발휘할 수 없다.

자부심은 세 개의 기둥으로 이루어져 있다.

첫째 : 자기인식
현실을 부정하지 않고 자신의 현재 모습을 담담히 받아들일 줄 아는
자기 객관화의 능력이다.

둘째 : 자기신뢰
문제의 원인을 타인이나 환경에 떠넘기지 않고 문제의 답을 스스로
해결할 수 있다고 확신할 수 있는 자신에 대한 믿음이다 .

셋째 : 자기존중
자신의 가치관과 능력과 존재에 대해 근본적으로 믿는 자기 존중의
자세다.

실패나 좌절을 성공의 일부로 받아들여라

● 몸개그의 달인 김병만의 좌절
● 탤런트 김태희의 눈물

2010년 코미디 부분 최우수상을 받은 몸개그의 '달인' 김병만은 조선일보와의 인터뷰에서 이런 말을 했다.

"저는 잘된 사람보다 주위의 실패를 통해 더 배워요. 올라가다 툭 떨어지는 선후배를 봅니다. 저렇게 하면 안 되겠구나, 저걸 조심해야 지 하는 거죠. 제가 일찍 인기를 얻었다면 이러지 않았을 겁니다. 긴 세월 고생해서 간신히 지금 이 자리까지 왔어요. 인기란 한순간에 잃을 수 있다는 것을 알아요."

개그맨 시험에 7번 떨어지고 8번 만에 합격한 김병만은 "시험에 떨어진 날 밤에는 방송국을 바라보며 '저기에 꼭 들어가겠다' 하고 엉엉 울었다"고 한다. 그는 158.7센티미터라는 작은 키 콤플렉스 때문에 무대 울렁증이 심해 준비한 것을 심사위원 앞에서 제대로 보여주지 못했다. 하지만 그의 좌절과 시련은 그를 '몸개그의 달인'으로 만들었고, 달인 프로그램을 인기장수 코너로 만들었다.

눈물 없이 성공한 사람은 없다. 별로 힘 안 들이고 성공했다는 사람은 거짓말을 하고 있거나 그 성공을 유지할 수 없을지도 모른다. 좌절과 고뇌, 눈물은 사람을 성장시키는 필수요소다. 자녀에게 '실패 없이 성공만 바라는 주문과 교육'은 매우 위험하다. 내가 만난 성공한 사람들은 하나같이 역경을 딛고 값진 '성공'이라는 작품을 쟁취해 냈다.

2009년 12월 31일 밤 KBS 별관 공개홀에서 열린 연기대상 시상식에서 중편 드라마 부문 우수연기상을 공동 수상한 김태희는 눈물을 펑펑 쏟아내 화제가 됐다. 워낙 인물이 받쳐주니까 화장한 얼굴이 엉망이 돼도 봐줄 만했다. 탤런트들은 대중 앞에서 화장이 지워지는 등 자신의 모습이 잘못 비칠까 봐 매우 조심한다.

그날 김태희는 "연기자로서 자괴감에 빠져 있을 때 만난 고마운 작품이 '아이리스'였는데, 이렇게 상까지 주셔서 영광스럽고 감사하다"고 수상소감을 얘기하며 눈물을 쏟아냈다. 일반인들은 CF모델 퀸에다 일류대 출신 얼짱 김태희, 항상 웃는 모습의 유명 탤런트가 연기대상도 아닌 '우수연기상'에 저렇게 눈물을 흘릴까라고 생각할 수도 있다.

그러나 각자 갖고 있는 주관적 가치기준과 판단은 다르다. 그래서 남부러울 것 없어 보이는 사람이 극단적 선택을 해 주변 사람들을 놀라게 한다. 김태희에 대해서는 '얼굴만 예쁘지 연기는 못 한다'는 지적이 있었다. 그것도 동료, 선배 연기자들에게 그런 지적을 받았으니 당사자는 얼마나 마음고생이 컸던가를 미루어 짐작할 수 있다.

인간은 그가 어느 위치에 있든 무슨 대단한 일을 하든 항상 고뇌와 좌절, 회의감에 사로잡힐 수 있다. 자괴감에 빠져 만사를 놓아 버리고 싶은 때도 있다. 아예 인생의 바닥을 기는 사람들에게는 이런 고뇌나 갈등이 없다. 나름 성공했다는 사람들에게 이런 현상은 더 심한 편이다.

얼마 전 미국 뉴욕타임즈(NYT)는 '뉴욕지역 한인사회 자살 증가'라는 우울한 소식을 전했다. 이 신문은 뉴욕 한국총영사관의 자료를 인용해 2008년에는 자살사건이 6건에 불과했으나 2009년에는 30여 건에 달했다고 보도했다. 2010년 통계는 이보다 더 늘어났다고 한다.

한인들의 자살이 늘고 있는 주요인에 대해 뉴욕 아시아아동지원센터 지원프로젝트 책임자 윤성민 씨는 대부분의 한인들은 학업 및 직업적 성취도를 특히 중시하고 있으며 명문대학에 들어가지 못하거나 학업성적이 좋지 않을 경우, 또는 경제적 상층부에 진입하지 못할 경우 깊은 수치심과 당혹감을 느낀다고 지적했다.

한국인들의 높은 성취감을 탓해서는 안 되겠지만 그것 때문에 한국에서 하던 자살방식을 미국까지 가서도 고스란히 답습하는 모습,

어떤가. 물론 좌절의 깊은 수렁에 빠져 한 치 앞도 보이지 않을 때 쉽게 선택할 수 있는 것이 자신의 존재를 깔아뭉개는 방식이다. 이것은 참으로 어리석고 미련한 짓이다. 절박한 상황을 이해하지 못해서가 아니다. 실패는 가깝고 성공은 멀다. 실패가 성공의 한 부분이며 필수과정이라는 것을 모르기 때문이다.

실패 없이 성공만 하려는 사람들, 그것을 강요하는 부모들을 이해할 수 없다. 자녀에게 엄청난 부담감을 주고 그 기대가 충족되지 않으면 결과는 어떤가. 개인의 불행은 한 개인에 그치지 않는다. 가정의 불행, 사회의 불화, 국가의 불행으로까지 확산되고 이어진다.

자살예방센터는 2010년 한국의 자살 비율이 10만 명당 33여 명으로 세계 최고이며, 경제협력개발기구(OECD)는 최근 통계를 바탕으로 한국이 30개 회원국 가운데 가장 높은 자살률을 기록하고 있다고 밝혔다.

김태희의 눈물에서 배워야 할 교훈은 누구나 고뇌하고 좌절한다는 현실이다. 김태희는 눈물을 통해 한 단계 성숙한 연기 모습을 보여줄 것이고 더 성장하게 될 것이다. 좌절과 실패는 그 자체가 성공을 위해 노력하고 있다는 증거다. 야구에서는 3할대 타율을 유지해야 성공타자로 평가하지만 인생에서는 1할대, 1푼대 타율로도 성공할 수 있다. 나는 학생들에게 이렇게 말한다.

"서울대에 들어가지 못한 여러분, 좌절과 실패를 통해 값진 경험이라는 것을 얻었다는 것은 자산이다. 이제부터 자신의 잠재력을 더욱 개발하고 노력해야 할 일만 남았다. 한국 사회에서는 서울대에 들어 갔다는 것만으로도 인생에 큰 프리미엄이 붙는데, 여러분은 스스로 그것을 포기했고 오직 실력과 성실함으로 자신의 능력을 입증해야 하는 길을 선택했다. 인제대학교가 지방에서는 명문이지만, 수도권 으로 가는 순간 무명으로 바뀐다. 심지어 강원도 인제에서 왔느냐고 묻는 경우도 종종 있다. 여러분은 대충 시간을 보내며 대충 놀아도 될 그런 입지가 아니라는 것을 깨달았다면 더 멋진 성공의 가치를 확 인하는 날이 올 것이다. 승부의 세계는 항상 역전 드라마가 멋있는 법이다. 당신은 역전 드라마의 주인공이 되라. 실패가 쓰라린 만큼 성공은 달콤하다. 실패를 딛고 일어선 성공하는 자만이 그 쾌감, 그 묘미를 즐길 수 있는 자격이 있다."

:: 마이클 조던의 실패

나는 농구생활을 통틀어 9천 개 이상의 슛을 실패했고,
거의 3천 게임에서 패배했다.

그 가운데 스물여섯 번은 다 이긴 게임에서
마지막 슛의 실패로 졌다.

나는 살아가면서 수많은 실패를 거듭했다.
바로 그것이 내가 성공할 수 있었던 이유다.

중국 역사에 '사마천'이라는 이름 석 자를 굵직하게 남긴 대역사학자가 있다. 불후의 역사서 〈사기(史記)〉를 쓴 사마천에게 고난과 좌절이 없었다면 그의 빛나는 업적도 화려한 명성도 없었다고 생각한다.

사마천이 궁형(남성의 성기를 자르는 형벌)이라는 치욕스런 형벌을 당한 것은 한(漢) 무제(武帝) 때 흉노족과의 전쟁에서 패배하여 투항한 장군 이릉을 변호했기 때문이다. 사마천은 장군 이릉에 대해 "투항했으나 역사를 기록하는 사관의 눈으로 볼 때 그의 전과는 다른 어느 장군보다 훌륭하다"고 주장했고 이것이 황제의 분노를 가져왔던 것이다. 훗날 사마천은 자신이 궁형을 당한 후 죽음을 택하지 않고 다시 일어설 수 있었던 동기에 대해 이런 글을 남겼다.

"주나라 문왕은 유리에 갇혀 있었기 때문에 〈주역〉을 풀이할 수 있었고, 공자는 고난을 겪었기 때문에 〈춘추〉를 지었으며, 굴원(屈原)은 쫓겨나는 신세가 되어 〈이소(離騷)〉를 지었고, 좌구명(左丘明)은 눈이 멀어 국어를 남겼다. 손자는 다리를 잘림으로써 〈병법(兵法)〉을 논하게 됐고, 여불위(呂不韋)는 좌천되는 바람에 〈여씨춘추〉를 전했으며, 시 300편은 대체로 현인과 성자들이 고난 속에 발분하여 지은 것이다."

사마천도 남성을 잃어버리고 참담한 절망 속에 발분하여 불후의 명저를 남겼다. 시련과 역경이 어찌 부정적 요소만 담고 있다고 할 수 있겠는가. 역사 속의 뛰어난 인물, 이름을 남긴 영웅들이 하나같이 난세와 좌절을 딛고 일어선 것은 결코 우연이 아니다.

전국에 최초의 민립 공익재단으로 우뚝 선 백병원을 5개 건립하고, 교육 불모지 경남 김해의 허허벌판에 있던 초라한 인제대학교를 명문 사립대학으로 발전시킨 인당 백낙환 박사의 성취와 성공도 처음부터 쉽게 주어진 것이 아니었다.

생후 5개월 만에 어머니를 여의고 어린 시절 부모의 사랑조차 받지 못한 채 외롭고 고달픈 생활을 이겨내며, 수차례 해체와 파산의 위기에 직면한 백병원(명동)을 간신히 일으켜 세우는 역경과 험로 속에서 그의 탁월한 리더십과 경쟁력은 연마되었다.

성공은 누구에게나 값진 것이다. 그만한 대가를 지불할 준비가 된

자에게는 성공은 밀쳐내도 다시 돌아오는 법이다. 실패와 좌절이 오면 성공도 그 뒤에서 '나를 지켜보고 있다'고 생각하자. 그래서 실패와 성공은 때로 한몸처럼 움직이기도 하는 법이다. 좌절의 기회에 감사하라.

못다 핀 '로봇박사'…

KAIST 첫 공고 출신 입학생의 죽음 …좌절 감싸지 못한 '교육의 좌절'

자살하는 사람의 공통점은 '이 세상에 단 한 사람도 자신의 말을 들어줄 사람이 없다고 절망하는 상황에서 일어난다'고 한다. 세계 최고의 자살율을 기록하는 한국에서 그 많은 자살자의 수와 유형에 어찌 차별이 없을 수 있을까마는, 어린 학생의 죽음은 자식을 가진 모든 부모의 가슴을 때리는 법이다. 더구나 카이스트 같은 훌륭한 대학교에 진학한 학생이 제대로 꿈을 피워 보지도 못하고 사라진다는 것은 국가적 손실이라는 차원에서 분명하게 짚고 넘어갈 필요가 있다.

숨진 A군은 2007년 국제로봇올림피아드 한국대회에서 대상인 과학기술부장관상을 받은 데 이어 2008년에는 국제로봇올림피아드 세계대회에서 3등에 오르는 등 초등학교 2학년 때부터 로봇경진대회에 60여 차례 참가해 뛰어난 실력을 보여 왔다고 한다. 초등학교

4학년 때 과학경진대회에 참가해 최우수상을 받는 등 '로봇박사'로 불렸던 A군은 인문계 고교를 다니다 로봇을 전문적으로 연구하고 싶다는 생각에 로봇 기능 전문계고로 전학까지 했을 정도였다고 한다.

이러한 재능 덕분에 카이스트에 합격한 A군은 특히 영어로 수업이 진행되는 미적분학을 공부하는 데 어려움이 컸던 것으로 알려졌다. 1학년 성적에 학사경고를 받을 정도여서 고민이 상당했다고 한다. 특히 영어는 한두 학기 만에 갑자기 성적이 오르는 과목이 아니어서 그의 갈등과 절망은 더욱 깊었으리라.

A군은 로봇 분야에 관한 한 매우 뛰어난 소질과 잠재력을 보인 것은 사실인 것 같다. 그러나 그에게 영어로 미적분학을 수학하라고 지도한 것이 과연 적합했는지는 따져봐야 한다. 특정분야에 비범한 재능을 보인다고 해서 영어강의를 수강할 정도의 수준을 갖췄다는 것은 아니다. 특별 재능을 가진 아이는 그 분야에서만 독특한 능력을 보였을 뿐 타 분야는 평균 이하일 경우도 종종 있었다.

미국의 유명 영화감독 스필버그나 발명왕 에디슨 등도 학교 수업에는 크게 흥미를 느끼지 못했거나 부적응자였다고 한다. 빌 게이츠의 경우 하버드대학을 스스로 중퇴했을 정도다. 타고난 천재성을 제대로 지도, 관리하지 못하게 되면 그것은 비극으로 끝나는 경우를 한국에서 종종 목격한다.

특별한 학생은 의외로 일상생활에서 오는 좌절과 갈등에 쉽게 대처하지 못하는 경우도 있었다. 자동차경주 선수들은 차를 빨리 모는 법을 배우기 전에 사고 상황에서 어떻게 탈출하는가를 먼저 배운다고 한다. 승리하는 법을 배우기 이전에 실패에서 탈출하는 법을 먼저 익히는 방식이다. 특별한 재능을 타고난 아이들에게 일상의 좌절과 갈등, 실패에서 먼저 극복하는 방법을 가르치고 체험시키는 것은 매우 중요한 부분이리라. 그들에게 '성공'과 '일류대'를 외치기 전에 작은 좌절과 실패를 먼저 경험하여 극복하도록 도와주는 것이 급선무다.

A군에게 카이스트의 선택은 어떤 것이었을까. 그가 공고생 최초로 카이스트에 합격했을 때 학교와 학부모, 주변 사람들은 얼마나 환호했을까. 그는 주변의 과도한 기대와 자신의 부적응 사이의 현실적 갈등에서 헤어나지 못했던 것 같다. 그의 잠재력을 보고 선발한 카이스트의 입학사정관제에는 문제가 없는 것 같다. 문제는 선택받은 자가 그 학교와 운영방식에 대해 제대로 몰랐고 제대로 대응법을 찾아내지 못한 것으로 보인다. 특히 부모는 아이가 좋은 대학에 갔으니 모든 것을 믿고 맡긴다고 생각할 수 있지만 현실은 그렇지 않다.

공고생 출신이 과학고 출신들과 로봇이 아닌 공부로 경쟁해야 하는 상황은 이미 험난한 과정이 예고된 것이나 다름없었다. 언제든지 그만두고 나올 수 있도록 아이에게 선택의 부담감을 줄여 주었어야 한다. 한국에서 카이스트나 서울대 등은 성공을 상징한다. 이런 대학기관을 중퇴한다는 것은 곧 실패를 의미하기 때문에 포기가 쉽지 않다.

그러나 그런 것은 일반 학생들에 한정돼야 한다. 특별한 재능을 가진 학생에게 특정 조직은 특별한 굴레가 될 수 있다. 형식도 껍데기도 넘어설 수 있는 재능을 가진 아이에게 세속적인 기준과 한계를 보인 것은 아닌지….

세 살 때 천자문을 외우고 구구단 등을 뗀 한 영재(gifted child)가 있었다. 영국의 교육기관에서 공식적으로 인정한 영재 아이였다. 한국으로 돌아온 그는 강남의 사설 영재학원들을 다녀봤지만 '평가' 조차 제대로 받지 못했다. 엉터리 영재학원들은 돈벌이에만 급급했다. 암기력이 뛰어난 그는 뭐든지 외우는 데는 탁월한 재능을 보였다. 그러나 돌발행동, 컴퓨터게임 등 일상의 유혹에서 빠져 나오지 못했고, 운동에는 전혀 소질이 없는 등 평균 이하의 모습도 곳곳에서 나타났다.

수능 1% 안에 들어가는 학생이었지만 선행학습을 하지 않아 고교 내신성적이 좋지 않았다. 그는 결국 서울의 한 대학교에 입학하지 못했다. 그의 좌절감은 매우 컸지만 그의 성취와 능력을 더욱 인정하고 용기를 주는 일이 더욱 절실했다. 실패감 속에 눈물까지 보였던 그는 한 동남아 국가로 가서 그곳에서 편입전문 대학교를 다녔다. 작은 좌절과 시련의 연속이었지만 그런 생활 속의 어려움을 극복하는 것은 매우 훌륭한 교육이라고 판단했다. 그의 미래가 어떻게 될지는 모르지만 성공 이전에 좌절과 실패에서 극복하는 과정과 그 가치를 먼저 익히는 노력이 필요하다고 믿는다.

학생의 실패는 모든 교육자의 좌절이다. 특히 재능이 뛰어난 학생의 절망은 한국 대학교육의 실패를 의미한다. 강의생활 10년을 넘겼지만 어떻게 해야 매학기 강의에 혼과 정열을 불어넣을 수 있을지, 어떻게 소외되고 좌절하는 학생의 고민을 털어놓게 할 수 있을지 늘 반성과 고민이 앞선다. 어린 학생의 좌절에 슬픔이 깊은 날이다.

– 미디어 오늘

약속시간에는 미리 가라

● 초심을 지키는 중견배우 최수종
● 시간 약속을 지키지 않는 국회

탤런트 최수종이 2010년 언론사 신년특집 인터뷰에서 '신인배우' 최수종과 '중견배우' 최수종 사이에 어떤 변화가 있었는가에 대해 이렇게 답변했다.

"(단호하게) 달라진 점이 없습니다. 저는 초심이라는 것을 잊지 않고 있죠. 처음 마음이 지금까지 변치 않았습니다. 지금도 어느 누구보다 연습시간과 촬영시간에 늦지 않고 약속을 지키기 위해 노력하고 있습니다."

초심을 지키며 시간 약속을 잘 지키기 위해 노력하고 있다는 평범한 듯한 답변이 예사롭게 들리지 않았다. 주연급 배우들의 스케줄에 따라 스태프 전체가 움직여야 하는 일이 비일비재한 세계에서 '신인의 정신'을 유지하며 시간 약속을 지키기가 쉽지 않기 때문이다. 인기배우들의 경우 때로는 겹치기 출연으로 제작진을 당연한 듯 기다리게 하는 일도 왕왕 있는 것이 현실이다.

정상급 배우들이 인기를 유지하는 데는 단순히 연기력만 출중해서도 2% 부족한 법이다. 시간 약속을 지킨다는 것은 타인에 대한 배려, 자신의 성실성과 일에 대한 관심도의 또 다른 표현이다.

내가 영국에서 유학을 마치고 졸업사진을 찍은 뒤 이를 찾으러 갔을 때의 일이다. 사진 찾으러 가는 것이야 조금 늦어도 상관없겠지 싶어 20여 분 늦게 사진관에 들어갔다. 주인은 약속시간보다 늦게 나타난 나에게 당혹스러울 만큼 호통을 쳤다. 그가 화를 낸 이유는 나 때문에 자신의 다음 스케줄에 차질을 빚게 됐다는 것이었다. 영문을 모르는 아내는 내가 무슨 큰 잘못을 저지른 줄 알고 울상이 되다시피 했다. 시간 약속에 대한 무개념 때문에 나는 거듭 사과를 해야만 했다. 이것이 당시에는 실패의 습관임을 알지 못했다.

시간 약속을 지키지 않는다는 것은 상대에 대한 배려가 부족하거나 사안의 중요성을 높게 보지 않는다는 것이다. 성공한 사람들의 공통점은 하나같이 시간 약속을 잘 지키는 것이었다. 그러나 여기에도 예외는 있었다.

나는 '연합뉴스특별법' 제정 과정에서 국회 문광위 법안 청문회에 참석한 적이 있다. 그날 다른 변호사와 학자 등과 함께 약속시간을 넘겨 50여 분이나 기다린 끝에 국회의원들에게 관련 법안에 대한 의견을 말할 수 있었다. 그때 의견을 말하기 앞서서 나는 이런 내용의 발언을 했고, 이는 속기록에 그대로 남아 있다.

"입법의원들이 법안 심의보다 더 중요한 일이 어디 있습니까. 지역구 문제로 약속시간을 훨씬 넘겨 나타난 것은 이 일에 대한 입법의원들의 관심도나 성실성을 나타내는 것이 아닙니까. 이 법안 심의에 과연 진지하게 임하고 있는 것 맞습니까…."

당시 문광위 위원장이 양해를 구했지만 그러고도 국회의원들은 수시로 들락거리며 자리를 지키지 않았다. 나는 이들이 법안 심의를 요식행위로 보고 있으며 별 관심이 없다는 것을 현장에 가 보고서야 깨달았고 다시는 그런 자리에 가지 않겠다는 생각을 굳힌 적이 있다.

시간 약속을 제대로 지키지 않는 곳은 국회라는 사실을 현장에서 보고 확인했다. 아마 국민들 사이에 가장 신뢰받지 못하는 부류가 정치집단이고, 특히 국회의원들이 존경보다 손가락질 받는 이면에는 이런 시간 개념 부재도 한몫 하고 있다고 생각한다.

나는 약속시간을 지키지 않아서 남을 곤혹스럽게 했다는 점에서 과거의 내 행동에 대해 많은 반성을 했다. 패배자들은 약속을 하고도 오지 않거나 늦어도 제대로 사과할 줄 모른다. 약속시간 지키기는 모든 약속의 첫 출발이라고 생각한다. 시간을 지키지 않는 사람은 다른 약속도 제대로 지키지 않을 확률이 매우 높다.

1. 오늘 해야 할 일을 내일로 미루지 말라.
2. 시간의 낭비는 마음밭에 잡초만 무성케 한다.
3. 하루 15분 정도의 알찬 활용이 삶의 명암을 갈라놓는다.
4. 시간을 끄는 사람은 성공이라는 기차를 놓치게 된다.

– 로버트 H. 슐러

나는 시간 약속을 지키라고 요구하지 않는다. 글의 제목을 보면 알 수 있듯이 미리 가서 기다리라고 한다. 미리 가면 일단 여유가 있어 좋고 주도권을 잡거나 기선을 제압할 수 있는 등 장점이 많다.

특히 윗사람이나 비즈니스상 중요한 상대를 만나는 자리에 본의 아니게 늦게 나타난다는 것은 이미 '나는 실패자요'라고 소리치는 것과 마찬가지다. 큰 승부에서 때로는 사소한 변수가 승부 전체를 뒤엎어 버리기도 한다.

미리 가라. 미리 가서 상대를 미소로 맞이하라. 대상이 누구든, 사안이 무엇이든 이미 당신은 한수 위에서 게임을 운영하고 있는 셈이다. 한때 약속시간보다 늦게 나타나는 것이 예의로 알려졌던 프랑스에서조차 이제 이런 속담이 유행하고 있다.

"당신이 늦게 나타나는 동안 상대는 당신의 결점을 헤아리고 있다."

세상은 빠르게 변화하고 있다. 인간의 심리상 모두가 자신을 기다려 주기를 원한다. 그러나 성공하고 싶다면 '약속시간에 미리 가라'고 권하고 싶다. 성공은 별것 아니다. 성공한 자들의 흉내내기에서 시작하면 된다. 바보들은 성공을 희망하지만 실천에는 잠뱅이들이다. 하나라도 바꿀 줄 아는 사람, 실천의 천재들이 결국 성공의 행운을 잡는 법이다.

빌 게이츠는 시간관념에 대해서도 중요한 말을 남겼다.

"시간 낭비는 인생 최대의 실수다. 휴일에도 시간을 잘 활용하라."

인당 백낙환 이사장은 80대 연세에도 변함없이 전국의 5개 백병원과 인제대학교를 돌면서 업무를 처리한다. 시간을 잘게 쪼개고 또 쪼개서 만나야 할 사람은 꼭 만나고, 격려할 일은 반드시 격려하고, 문제 제기할 일은 하는 편이다. 시간관념이 분명하지 않으면 이는 불가능한 일이다.

매스컴에서도 80대의 가장 바쁜 CEO로 인당의 경영노하우를 집중 취재한 적이 있다. 빽빽한 일정에 독서와 신문보기, 결재 등은 물론 사회적으로도 도산안창호기념사업회 등 챙겨야 할 일이 한두 가지가 아니다. 시간을 쪼개어 알차게 귀하게 사용하는 인당의 모습은 성공한 경영자의 교본이다.

오늘 하루를 특별하게 하자
(Make Today Special)

많은 사람들은 하루의 처음 시작을 삶에 대해 진지하게 생각해 보는 시간으로 갖는다. 어제는 어떠하였는가? 오늘은 무엇을 성취하고 싶은가? 무엇이 가장 중요할 것인가?

물론 이것은 당신의 할 일 중 우선순위 목록에 들어가야 한다. 오늘은 과거의 일상적인 날들로부터 어떻게 달라질 수 있을까? 당신은 당신이 할 수 있는 어떠한 작은 일에 대해 생각할 수 있는가? 아마도 당신이 하기를 주저하지만, 만일 한다면 자신에 대해 큰 자신감을 가질 수 있는 일이 있을 것이다.

하루하루에 특별한 목적을 부여하자. 불운하고, 불행한 사람들은 보통 매일 매일이 똑같다. 오늘이 월요일인가 목요일인가? 오늘이 3월인가 11월인가? 오늘이 오후 3시인가 오전 10시인가? 그들은 틀에 박힌 하루하루를 살아가므로 이러한 질문들은 무의미하다.

모든 사람에게는 매일 같은 양의 시간이 주어진다. 당신은 24시간을 어떻게 사용하려고 하는가? 미리 계획하자. 일의 목록을 만들자. 목록은 개인적인 성취와 삶의 균형을 위한 지도가 될 수 있다. 종이와 연필을 항상 지니고 다니자. 당신과 가족들의 더 나은 내일을 위해서 당신은 오늘 무엇을 할 것인가?

Many people enjoy using the first few minutes of the day for their reflective time. How did yesterday go? What do you want to accomplish today? What will be most important? This, of course, becomes your prioritized to-do list. How will today vary from your usual routine? Can you think of any small things that you can do? Perhaps there is something that you've been avoiding, that, if you do it, would make you feel especially proud of yourself. Give each day a specific purpose. For unsuccessful, unhappy people, there is often a sameness to their days. Is it Monday or Thursday? Is it March or November? Is it 3 o'clock in the afternoon or 10 o'clock in the morning? They're in a rut and it doesn't matter. Everybody has the same amount of time each day. How are you going to spend your 24 hours? Plan in advance. Make lists. Lists are your road map to personal accomplishment and balanced living. Always carry paper and pen. What are you doing today to ensure a better tomorrow for yourself and your family?

출처 : www.success.org

강점으로 승부하라

● 스티븐 스필버그 영화감독이 유명해진 까닭
● 국민이 사랑하는 스포츠 스타들

한 아이가 초등학교 시절부터 공부에는 도무지 관심을 보이지 않고 카메라만 가지고 놀았다. 그리고 가정용 캠코더가 나오자 그것으로 작품을 만들기 시작했다. 그 아이는 카메라로 온 동네를 찍고 친구들을 찍어 작품을 만들곤 했다. 부모는 이런 외골수 아들을 책망하지 않았으며, 오히려 모델이 되어 주면서 그의 취미를 존중하고 격려했다.

한국이었으면 불가능하게 들릴 법한 이 이야기의 실제 모델은 미국의 유명한 영화감독 '스티븐 스필버그'의 유년시절 모습이다. 〈쥐라기 공원〉 등으로 우리나라에도 널리 알려진 스필버그 감독은 훗날 언론과의 인터뷰에서 "부모님의 이해와 지원이 없었다면 나의 꿈은 이룰 수 없었을지도 모른다"는 말을 했다. 그는 〈쉰들러 리스트〉라는 유태인 영화를 만든 뒤에는 "비로소 유태인의 정신적 책무의 일부를 다했다"는 메시지를 남겼다.

스필버그 감독 같은 세계적인 스타가 한국에서 태어났더라면 획일적인 교육과 사교육, 일류대병 때문에 그의 꿈은 실현되지 못했을 것이다. 한국처럼 가치관이 획일화된 사회, 집단주의 의식이 강한 사회에서 학생이 '일탈'로 보이는 행동을 하는데 부모가 이를 저지하지 않는다는 것은 곧 교육 실패를 의미한다.

성공하고 싶다면 제발 이런 도식화된 선택과 사회적 강요에서 벗어나라고 권하고 싶다. 그런 식으로 학교를 선택하고 학과를 결정하는 것은 곧 후회를 의미한다. 주위 모든 사람이 그렇게 하기 때문에 '나도 할 수 없다'고 생각하면 곧 불행이 시작되는 것이다.

성공하고 싶다면 '자신이 하고 싶은 것, 잘할 수 있는 것'을 찾아야 한다. 당연한 말이지만 정작 부모나 본인은 이런 진리를 외면하고 있는 모습을 쉽게 볼 수 있다. 한국 사회에서 출세, 성공의 동의어는 '의대, 법대'에 진학하는 것이다. 사법고시를 통과하고 판검사가 되고 의사가 된다는 것은 이미 '성공했다'는 식으로 사회적 평가를 내린다.

그것은 세인들의 평가일 뿐 정작 본인이 의사나 검사의 일을 하며 괴로워하고 힘들어하면 쉽게 '돌팔이'로 혹은 '엉터리 검사, 판사'로 전락하기 쉽다. 타인을 망치고 자신도 망하고 직책을 망치는 결과를 가져온다.

   한국을 빛낸 여자 역도계의 스타 장미란 선수도 처음에는 '역도'를 원치 않았다. 사춘기 시절 여자가 역도하는 데 대해 본인은 부끄러워 친구들에게조차 알리지 않았다고 한다. 장 선수의 아버지는 '힘이 장사인 미란이를 여자 유도선수로 키우려고 했다'고 말했다. 그러나 장 선수는 아버지의 바람과는 달리 유도를 거부했다고 한다. 체육선생님의 눈에 띈 장 선수의 엄청난 힘. 이것이 계기가 되어 마침내 역도계에 발을 들여놓은 장 선수는 자신의 타고난 힘과 성실성, 기술력으로 세계 최고의 여자 역도선수가 됐다.

   김연아, 김용대 모두 국민이 사랑하는 스포츠 스타들이다. 이들 역시 타고난 체형과 잠재력, 강점으로 승부했다. 그 결과 세계 톱 선수로 유명세를 떨치고 있다. 스포츠 스타뿐만 아니라 음악, 미술 등 예술분야는 물론 사업분야에서도 자신이 좋아하고 잘하는 분야를 찾은 사람들이 성공하는 모습을 쉽게 볼 수 있다.

   나는 얼마 전 매우 반가운 인사를 받았다. 한 언론사 기자 시험에 합격한 제자가 전화해 이렇게 말했다.

   "교수님, 첫 월급 타서 교수님께 꼭 식사 대접을 하고 싶습니다. 시간 좀 내주십시오."

   교수에게 이 얼마나 멋진 선물인가. 이 학생은 인제대학교 제자가 아닌 '사이버 강의'로 만난 타 대학교 학생이었다. 당시 방황하고 있던 학생이었지만 나에게 제출한 리포트를 통해 그의 잠재력과 논리력을 간파하고 이렇게 조언한 기억이 있다.

"기자가 되는 것이 힘들기는 하지만 학생은 멋진 기자가 될 자질을 갖추고 있다. 탁월한 논리력이 돋보인다…."

그 후 그는 나와 만난 자리에서 '꼭 기자가 되겠다'고 다짐했고 무척 열심히 노력했다. 대학 졸업 후 1년여 만에 기자가 되는 데 성공해 나에게 그런 전화를 한 것이다. 자신의 첫 꿈을 실현했다는 점에서 그는 성공궤도에 올라섰다고 본다.

이 세상에 누구도 쓸모없이 태어난 사람은 없다. 그 누구도 재능 없이 태어난 사람은 없다. 스스로 찾지 못했거나 시도조차 해 보지 않은 채 타인의 화려한 모습에 넋을 놓고 있을 뿐이다. 자신의 강점을 찾고 흥미 분야를 찾아야 한다. 없다고 판단했다면 만들어서라도 그것으로 승부수를 던져라.

나는 한때 내가 매우 능력 있는 사람으로 착각한 적이 있다. 그래서 오징어 가게도 차려 보고 학원사업도 해 봤지만 모두 '아주 간단하게' 그러나 '처절하게' 실패했다. 하늘이 한 인간에게 모든 능력을 부여하지는 않는 듯했다. 나는 모든 면에서 항상 뒤늦게 제 길을 겨우 찾아가는 식이다.

'실패란 다음에는 좀 더 현명하게 시도할 수 있는 기회'라는 말이 있다. 이제 나는 더 이상 어리석게 남의 밥그릇을 탐내지 않는다. 대신 나의 강점을 가지고 도전 또 도전할 준비는 항상 하려고 한다.

어느 학과, 어느 학교 출신, 미래 가능성 등 모두 중요하지만 가장 중요한 것은 나의 강점, 흥미 분야가 무엇이냐는 것이다. 인생은 결코 짧지 않다. 승부를 길게 보고 장기전을 준비하는 것이 좋다. 내가 좋아하고 잘하는 것에 올인하라. 나머지는 세상이 알아서 해결해 줄 것이다.

구체적인 꿈은 희망, 막연한 목표는 허망

● 천리 길도 한 걸음부터
● 지금 이 순간 구체적인 계획을 세워라

막연한 꿈은 망상으로 끝날 확률이 높다. 변수로 가득한 미래를 위해 완벽한 설계도를 마련해야 하는 것도 아니다. 그러나 목표를 위한 구체적이고 단계적인 계획은 꼭 필요하다. 실패하는 사람들은 '말로 자신의 패배를 변명'하며, 성공하는 사람들은 '구체적 성취로 자신의 성공을 입증'하는 법이다.

자신을 키워 주고 아껴 준 스승이자 큰아버지를 흠모하던 한 의사가 있었다. 6·25전쟁 중에 큰아버지는 납북됐고 그 후 생사조차 알 길이 없었다. 그 의사는 큰아버지의 뜻을 받들어 그분이 유산처럼 남긴 병원을 살려내고자 혼신의 노력을 기울였다. 의사, 원무과장, 돈

꾸러 다니는 사람 등 1인 3,4역을 해내며 병원 재건에 모든 것을 던졌다. 수많은 좌절과 실패를 견뎌낸 이면에는 어렸을 때 '조카도 자식'이라면서 친척집 곁방살이 하던 자신을 따뜻하게 감싸주었던 사랑과 기대를 저버릴 수 없었기 때문이다. 그는 우여곡절 끝에 마침내 명동 백병원 건립에 성공했다.

이 이야기의 주인공은 현재 5개의 종합병원 백병원, 인제대학교, 대학원 재단이사장 백낙환 박사다. 그의 큰아버지 백인제 박사는 일제시대 경성의학전문학교를 수석 입학해 수석 졸업한 한국 의료계의 선구자였다. 큰아버지 백인제 박사가 백병원을 최초의 민립 공익재단으로 만들어 재산을 사회에 환원하는 공익정신에 입각해 윤리경영의 토대를 닦았다.

한 개인이 의사가 되기도 힘든데, 수백 명의 의사들을 진두지휘하며 종합병원을 경영하기란 쉽지 않은 일이다. 명동 백병원 1호를 튼실하게 세우는 과정에서 경험한 좌절과 실패는 그의 성공 자산이 됐다. 그 후 부산에 백병원 2호를 세우며 '인술제세(仁術濟世 : 인술로 세상을 구한다)'를 기치로 내세웠다. 공익정신으로 무장된 의사들을 배출하기 위해 1979년 인제 의과대학을 설립한 후 다시 10년 뒤 그 다음 단계에서 인제대학교를 종합대학으로 격상시켰다.

이어 3호 상계 백병원, 4호 일산 백병원, 5호 부산 해운대 백병원 등 차례로 큰 꿈을 실현시켜 나갔다. 부산지역에서는 한 해 서울로 가는 환자 수만 해도 70여만 명이 넘는 것으로 조사됐다. 지역민들에게 수준 높은 의료 혜택을 주고 동북아 의료 허브의 중심으로 키우기 위해 해운대 백병원을 개원했다. 이 병원은 베드 수만 1,004개로 백병원 사단 가운데서도 야심작이다.

나는 개인적으로 그를 10년 이상 가까이 지켜보며 '성공법칙'을 실천하는 모습을 배우고 있다. 그는 81세라는 나이에도 안주하지 않고 해운대 백병원을 건립하기 시작, 85세에 완공시키는 놀라운 집중력과 추진력을 보여 주었다.

지역에도 좋은 대학이 있어야 하고 지역에도 좋은 병원이 있어야 한다는 그의 신념은 인제대학교 교수 임용과정에서 잘 나타나 있다. 한국 대학이 경쟁력이 약한 이유 중 교수 임용과정의 불합리성과 불투명성이 지적되고 있지만, 나는 인제대학교만큼은 투명경영, 윤리경영이 실질적인 교수 임용과정과 결과에 잘 나타나 있다고 믿는다.

한 개인이 이룩하기에는 엄청난 업적. 물론 그가 혼자서 이룩한 것은 아니다. 그를 둘러싼 능력 있는 전문가, 관록있는 교수와 유능한 의사 등이 함께 한다는 것 자체가 유능한 경영자라는 것을 입증한다. 유능보다 더욱 중요한 것은 그의 '인간사랑'을 실천하려는 교육철학이다. '사랑과 정이 넘치는 인제대학교'를 꿈꾸는 그는 '학생들을 두려워하며 학생들을 사랑하는 모습'을 가식 없이 보여 준다.

한국 사회에서는 존경하는 사람을 솔직하게 이야기해도 '아부한다'는 식으로 평가절하하는 경향이 있다. 내가 만일 외국의 인물을 존경한다고 하면 아무도 문제삼지 않는다. '우리 스스로 외국에 대한 근거 없는 흠모와 자기비하식' 사고방식은 지양해야 한다.

성공에 우연은 없다. 화려한 업적 이면에 보이지 않는 눈물과 좌절, 치열한 삶에 대한 의지력과 자기관리 등을 읽어 낼 수 있어야 한다. 나는 가까이서 인당 백 박사의 '성공하는 리더십'을 잘 보고 배울 수 있는 행운을 누렸다. 성공을 꿈꾸는 사람들에게 일부만이라도 그 비결을 함께 하고 싶을 뿐이다.

1호 백병원이 없었다면 인제대학교도, 5호 해운대 백병원도 없었다. 무리하지 않고 단계별로 추진하는 신중함, 사사로운 욕심보다 공익적 가치와 평가를 중시하는 윤리경영철학, 사람을 사랑하는 따뜻한 인간애, 항상 공부하는 자세 등은 성공하는 CEO의 전형적인 모습이었다. '천리 길도 한 걸음부터'라고 했던가. 너무 멀리 보지 말고 당장, 지금 이 순간 구체적 계획을 마련하자.

인당 백낙환 박사는 수시로 교직원과 학생들에게 이런 의견을 피력한다.

"우리 학교 교훈인 정직, 성실, 근면으로 이루지 못할 것은 없습니다. 먼저 뜻과 함께 구체적 목표를 세우고 혼신의 힘을 다하세요. 세상은 스스로 돕는 자에게 절대로 무심하지 않는 법입니다."

인당은 과욕을 부리지 않고 모험을 시도하지 않는 편이다. 질서와 화합, 상생의 정신을 항상 강조하며 매사 신중하게, 단계적으로 일을 추진하도록 독려하는 스타일이다. 꿈은 구체적일 때 희망으로 다가오는 법이다.

나누어 정복하자
(Divide and Conquer)

성공한 사람들의 공통점은 특정한 목적을 달성하기 위해 지금 당장 할 일에 집중한다는 것이다.

긴급한 일들로부터 중요한 일을 분리하고, 두 종류의 일에 대해 시간을 분배하자. 큰 업무를 잘게 나누어 작은 일들로 만든 후에 하나씩 처리하자.

목표를 어떻게 달성할 수 있을까에 대해서 처음부터 너무 고민하지는 말자. 일에 대한 전념, 연구, 인내를 계속하면, 방법은 저절로 알게 될 것이다. 사실들이 충분히 모아지면, 답은 저절로 구체화된다. 당신의 목표는 일련의 행동 지향적인 목적들로 바뀌고, 그것은 다시 해야 할 일들의 집합으로 바뀔 것이다.

다음으로 우선순위를 매기자.

하루 중 당신의 일들에 대해 우선순위를 두지 않는다면, 모든 일들이 동등한 중요성을 갖게 될 것이다. 즉 어떤 일을 하든지 안 하든지 아무런 문제가 되지 않을 것이다.

당신은 당신의 활동들이 중요하게 여겨지고, 명확하게 정의된 목적을 갖기를 원할 것이다. 해야 할 일들의 목록을 매일 적어보자. 그리고 그것에 우선순위를 매기자. 매일의 목표 중에서 적어도 하나를 도전하자. 하루가 끝날 무렵, 당신은 여유롭게 쉬면서 성취의 경이로운 감동을 느낄 수 있을 것이다.

A common denominator among the successful is that they are focused on the immediate accomplishment of specific objectives. Separate the important from the urgent and allow time for both. Break down any large task into a series of small tasks and start taking action. In the beginning, don't be too concerned with how you will achieve your goals. With commitment, research and patience, the means will come. Answers materialize when the facts have been collected. Your goals will evolve into a set of action-oriented objectives, which will become a series of to-dos. Now prioritize. If you don't prioritize your day's activities, everything is of equal importance. Whether one thing gets done or not doesn't matter. You want your activities to be important, to have had a clearly defined purpose. Write your to-do list every day. Prioritize it. Make at least one of your daily objectives a challenge. At the end of each day, you'll be able to relax and bask in that wonderful feeling of accomplishment.

출처 : www.success.org

나만의 꿈을 찾아라

● '컴퓨터 바이러스 퇴마사' 안철수 교수
● 인당 백낙환 박사의 공익정신

꿈이 있는 사람은 쓰러지지 않는다. 꿈과 희망을 가진 사람은 쓰러져도 다시 일어나는 저력이 있다. 주위의 유혹, 암초 등 인간적 고뇌와 갈등을 요구하는 상황에서도 '꿈이 있는 사람'은 성공의 길로 간다. 잠시 비틀거리거나 좌절할 수는 있지만 전체적으로 보면 그것도 성공을 위한 필수과정일 뿐이다.

안정된 의사의 길을 버리고 벤처사업가로 변신한 안철수 카이스트 석좌교수. 컴퓨터를 사용하는 사람이면 누구든 안 교수의 신세를 지지 않은 사람이 없다고 할 정도로 그의 '바이러스 퇴치 프로그램'은 유명하다. 한때 미국의 한 컴퓨터업체에서 거액을 주고 그의 바이러스 면역 프로그램을 사고자 했으나 그는 거절했다. 국내 최고의 '바이러스 퇴마사'로 명성이 높았던 그가 추구한 것은 바로 한국 국민이 무료로 안전하게 컴퓨터를 사용하는 것이었다.

한 벤처기업가의 남모르는 공익정신 덕분에 우리는 보다 값싸게 보다 편리하게 인터넷을 사용하는 컴퓨터 강국이 된 것이다. 그가 눈앞에 다가온 돈의 유혹에 프로그램을 미국에 넘겼더라면 어떻게 됐을까.

2000년대 안 교수는 그의 겸손한 자세와 배우려는 의지, 항상 공익을 사익에 우선하는 정신 등으로 국민적 스타가 됐다. 장관 후보 1순위로 거론되거나 실제로 제의까지 받았으나 '내가 잘할 수 없을 것 같다'는 이유로 거부했다는 일화가 있다. 현대 한국 사회에 국민적 영웅으로 불러도 손색없는 안 교수의 힘은 '공익을 최우선 하는 그의 꿈' 때문이다. 그가 공익보다 사욕을 부렸다면 그 결과는 어떻게 나타났을까. 우리 모두는 그에게 빚을 지고 있다고 해도 과언이 아닐 것이다.

전국에 종합병원 규모의 백병원 5개와 인제대학교를 성공적으로 운영하고 있는 인당 백낙환 박사의 꿈이 처음부터 '돈벌이'에만 있었다면 오늘의 성공은 없었을지도 모른다. 자신의 스승이자 큰아버지 백인제 박사의 공익정신과 사회적 책무 의식이 그를 좌절의 시기마다 일으켜 세웠다.

의료계의 성인으로 꼽힌 고 장기려 박사의 책상 위에 끝까지 남아 있던 두 개의 사진 중 하나는 바로 그의 스승 백인제 박사였다고 한다. 뛰어난 명의로 조선 의료계의 선구자였던 백인제 박사는 제자들에게 '공익정신'의 중요성을 온몸으로 알려주고 떠났다. 그런 경영 철학과 사회적 책무 등을 명심했기 때문에 오늘날 백병원의 성공이 있는 것이다.

누구나 무슨 꿈이든 자유롭게 가질 수 있다. 그러나 그 꿈이 흔들림 없이 실현되기 위해서는 적어도 세 가지 전제조건을 갖춰야 한다고 본다. 바로 본인의 적성과 흥미, 공익적 가치 등이다.

요즘 대학가에는 '공무원 시험' 준비가 유행이다. 전공과 상관없이 도서관에서 공무원이 되기 위해 열심히 준비하는 학생들의 수가 점점 늘어나고 있다. 나는 이들에게 이렇게 말한다.

"이 중에 10% 정도 합격할 것이고 90% 정도는 떨어질 것이다. 그 10%는 내가 왜 공무원이 돼야 하는지 구체적 꿈과 목표가 명확한 사람의 몫이 될 것이다. 그러나 남들이 준비하니까 혹은 취업 후 정년이 보장되니까 등의 이유로 준비하는 사람은 몇 번 떨어져 보면 견딜 수 없게 될 것이다."

이런 비유는 어떨까. 사냥개 열 마리가 언덕 위로 도망가는 토끼를 향해 달리기 시작했다. 조금 시간이 지난 후 아홉 마리는 숨을 헐떡이며 되돌아오고 한 마리만 숲속으로 토끼를 향해 뛰어들었다. 왜 앞서 가던 한 마리만 숲으로 뛰어들고 나머지는 그냥 되돌아왔을까. 숲속에는 어떤 위험변수가 도사리는지 알지 못하는데….

아홉 마리는 다른 개들이 뛰니 덩달아 달렸을 뿐이기 때문에 주변의 작은 변수만 나타나도 쉽게 진로를 포기하게 된다. 그러나 한 마리는 바로 눈앞에 '토끼의 뒷모습'이라는 구체적 실체, 꿈을 보았기 때문에 올인할 수 있었던 것이다.

그 꿈이 자신의 적성과 맞고 도전할수록 흥미를 느끼고 여기에 공익적 가치까지 맞아떨어진다면 '대박'이 터질 가능성이 높다. 대박까지는 아니더라도 작은 성공, 성취는 반드시 오게 되는 것이 또 하나의 성공법칙이다. 주변의 성공한 사람들, 그런 평가를 받는 기업가, 전문가들을 한번 살펴보라. '운이 좋았다'고 할지 모르지만 그들은 하나같이 구체적인 꿈, 자신의 인생을 걸 만한 꺼리를 찾아 모든 것을 던졌다. 안 교수와 백 박사의 성공비결은 자신의 꿈을 찾아 모든 것을 던진 것뿐이다. 여기에 한 가지 공통적으로 공익정신, 우리 사회에 도움이 되는 일을 하겠다는 뜻이 바탕에 깔려 있었기에 더욱 큰 성공으로 피어난 것이다.

안 교수나 백 박사의 공익정신은 말은 쉽지만 실천하기는 어렵다. 그러나 평소에 훈련되고 의지가 있는 사람은 초심을 유지할 가능성이 높다. 세상은 공익정신에 투철한 사람들을 존경하고 '성공인'으로 찬양하는 법이다.

사회적 패자에게는 격려가 필요하고 승자에게는 축복의 박수를 아끼지 말아야 한다. 개인의 인생 승리자가 많은 사회가 성공한 국가가 되고 선진국이 되는 것이다.

목표를 확립하자
(Set Goals)

만일 당신이 스스로 삶을 계획하지 않는다면, 주변환경이 당신의 삶을 대신 계획할 것이다.

당신은 당신이 원하는 결과를 얻기 위해서 일하고, 희생하고, 투자하고, 노력해야 한다.

얻고 싶은 결과를 잘 선택하자.

당신이 어디로 가고 싶은지를 알기 전까지는 계획을 세울 수가 없다.

당신은 자신의 이미지를 만들어 내는 조각가다.

당신이 원하는 일을 이미 해낸 사람이 있는가?

만일 있다면, 그들에 대해서 연구하고, 그들이 했던 일들을 따라해 보자.

당신은 언제 어디서나 시작할 수 있고, 단지 그것을 계속 해 나아가면 그것으로 충분하다.

당신이 무엇을 할 수 있고, 무엇을 할 수 없는지에 관해 다른 사람들이 어떻게 생각하는지에 대한 걱정을 하지 말자.

자신감을 가지고, 당신의 현재 상황에 도전하자.

삶은 당신 자신만의 삶이다. 매일 한 단계씩 변화할 수 있다.

당신의 목표를 적어보자. 단지 3%만이 목표를 적고, 1%가 적은 목표를 매일 확인한다.

이러한 1%의 현명한 사람들이 되자.

당신이 목표를 성취한 모습을 머릿속으로 그려보자.

목표란 달성할 날짜가 계획된 꿈이다.

당신은 당신이 선택한 단지 그 목표만큼만 훌륭해지고, 행복해질 수 있다.

Unless you shape your life, circumstances will shape it for you. You have to work, sacrifice, invest, and persist to get the results you want. Choose them well. You can't start your planning until you know where you want to go. You are the sculptor of your own image. Have others already done what you want to do? Study them and do what they did. Start anywhere, at anytime, and persist. Stop worrying what others think about what you can or can't do. Believe in yourself and your abilities. Have the self-confidence to challenge your current situation. This is your life to live; it's day by day and step by step. Write down your goals. Only three percent of people have written goals and only one percent review those written goals daily. Be in that elite one percent. Visualize the attainment of your goals often. Goals are dreams with dates attached. You will only become as great and as happy as the goals you choose.   출처 : www.success.org

:: 성공 명심보감 10가지

1. 성공할 수 있다는 확신을 가져라.

2. 작은 일부터 지금 당장 시작하라.

3. 간절히 하고 싶은 일을 원하라.

4. 이미 성공한 것처럼 행동하라.

5. 성공 가능한 실천 목록을 작성하라.

6. 일의 우선순위를 정하라.

7. 일단 행동하고 나중에 조정하라.

8. 일을 즐기며 그 일에 열정을 가져라.

9. 결과보다 과정을 중요시하라.

10. 잠들기 전 10분간 내일의 성공을 계획하라.

– 레오 버스카클리아

무조건 흥미 분야를 찾아 독서하라

타인의 말을 듣고 잘 이해하려면 책을 많이 읽어야 한다. 소통의 기본은 독서에 있다. 남의 말에 집중하지 못하고 이해력에 문제가 있는 사람들은 대부분 책과 거리가 멀다. 성공한 사람들은 놀랍게도 독서를 열심히 하는 편이다.

내가 외부 특강을 할 때 가장 긴장되는 대상이 있다. 그들은 외관상 멀쩡하지만 '일 년에 책 한 권도 읽지 않는 성인들'이다. 차라리 초등학생들은 어휘력은 짧지만 들을 준비는 돼 있으므로 얼마든지 유용한 강의를 할 수 있다. 그러나 책을 읽지 않는 이들은 들을 수 있는 바탕이 없어 내가 무슨 말을 해도 하품이 가깝다. 귀는 있어도 듣지 못하는 사람들, 한국말로 얘기하지만 외국어로 들리는 사람들.

이들에게서 바로 독서 부족, 이해력 부족이라는 공통점을 발견하게 된다.

'성공한 사람들은 하나같이 책을 많이 읽더라.' 모두가 공통적으로 지적하는 옳은 말이다. 독서의 중요성은 어릴 적부터 귀가 아프게 들어왔건만 대부분 책보다는 TV와 인터넷게임에 더 열중한다. 그러나 성공을 꿈꾸는 사람들은 '당연한 일을 당연하게 하는 사람들'이다. 나는 '무조건 독서하라'고 요청하지만, 이것이 잘 먹혀들지 않는다. 그래서 먼저 자신의 흥미 분야부터 찾아서 독서하라고 부탁한다.

'성공학' 강의를 듣고 리포트를 제출한 학생 중에 A⁺를 받은 학생의 글이 생각난다. 보건행정학과 곽정아 학생은 자신의 어머니가 얼마나 억척스럽게 노력해서 성공했는지를 소개하면서 독서의 중요성을 이렇게 강조했다.

"…왜소한 그녀가 건축업을 생업으로 정한 것은 결정적인 계기와 뚜렷한 목표가 있어서였다. 그 계기는 외할머니가 돌아가신 이후였다. 겨울이 되면 수도권 지역에서는 엄청난 규모의 건축박람회가 열린다. 건축자재에서부터 가구, 건축회사까지 그 해 그리고 그 다음해의 건축에 대해 정보를 얻고 싶은 건축업자들에게는 중요한 박람회다. 건축 전공이 아닌 그녀에게 건축박람회는 학교이자 아이디어 뱅크 같은 곳이었다. 건축박람회를 다녀온 날이면 시장바구니 가득 팸플릿이 넘쳐났고, 그날은 가족 모두 새 집을 구경하듯 호기심에 찬 얼굴로 그것을 보곤 했다. 팸플릿을 교과서 삼아 공부하였다."

어머니는 건축 전공을 하지 않았지만 지방에서 자신의 열정을 발휘하여 건축 관련 서적을 보고 팸플릿을 구해서 계약건수를 늘여가며 성공의 길을 걷고 있었던 것이다. 나는 그분에게 특강을 요청하고 싶어서 수업시간에 그 학생에게 공개적으로 물었다.

"혹시 어머니를 초청해서 공개 특강을 듣고 싶은데 가능할까?"

"어머니가 지금 입원해 계세요."

뜻밖의 답변에 놀라서 사연을 물었다. 학생은 어머니가 건축현장에서 다리를 다쳐 입원중이며 심각한 상황은 아니라고 답했다.

나는 그냥 넘길 수가 없어서 학생에게 병원 이름과 호실을 물어 쾌차를 기원하는 과일바구니를 보냈다. 다음날 부르지도 않았는데 그 학생은 나의 연구실에 찾아와서 이렇게 말했다.

"어머니를 소재로 리포트를 작성했고 좋은 성적도 받게 됐는데 과일바구니까지…. 어머니가 무척 좋아하셨어요. 전공 교수님도 아니신데 이렇게…."

그녀는 말끝을 잇지 못하고 눈시울을 붉혔다.

"전공 교수가 따로 있나. 나에게 강의 듣는 사람은 모두 나의 제자이자 인제 가족이지."

어머니의 열정과 성실, 그리고 전공 분야의 꾸준한 관심과 독서가 뒤늦게 타 업종에 뛰어들어 성공할 수 있었던 비결 아닌 비결이었던 셈이다. 책은 인생의 스승이며 성공 비결을 알려주는 요술방망이가 같은 역할을 한다.

독서는 습관이기 때문에 한번 책과 멀어진 사람들은 다시 가까이 하기가 매우 어렵다. 나는 강의시간에 이번 학기에 읽을 책이나 저널을 각자 정한 뒤 독서노트를 만들라고 요청했다. 대학생들을 초등학생처럼 일일이 검사할 수 없어 그냥 당부만 했더니 약 70%가 이를 따르지 않았다는 것을 알았다.

그 다음, 독서 습관을 들이기 위해 학점에 반영하겠다고 독서노트를 만들라고 했지만 학생들은 역시 이를 간단히 무시했다. 실제로 한 명 한 명 일일이 노트 검사를 했더니 약 반수 이상이 준비했다. 학기 중에 한 번 더 점검했을 때는 수치가 좀 더 올라갔다. '노트를 두고 왔다' '아직 준비하지 못했다' 등 변명은 끝이 없었다. 학점에 반영한다고 해도 제대로 준비하지 않았던 것이다.

종강 시간에 다시 한 번 검사했을 때도 20%는 준비하지 않았다. 이들은 교수의 말도, 학점도 두려워하지 않는 소통이 안 되는 학생들이다. 스스로 실패의 길을 걷고 있음을 본인도 알고 있으리라. 이런 학생들은 대학교에 와서는 안 된다. 본인도 불행하고 학교도 애를 먹는다.

내가 성공을 위해 독서를 강조하는 데는 네 가지 구체적인 이유가 있다.

첫째, 성공한 사람들의 공통된 성공문법이 '독서'임을 확인했기 때문이다. 대학에 다니지 않았거나 배움의 기회가 없었던 시대나 상황과는 무관하게 성공한 사람들 곁에는 항상 책이 있었다. 어떤 이들은 책을 '최고의 스승'이라 표현했고 '책 속에 길이 있다'며 독서의 유용성을 강조했다. 80대 현역 CEO, 인당 백낙환 박사는 지금도 매년 80여 권의 책을 읽는 독서광이다. 독서를 통해 열린 지도자, 현명한 경영자의 길을 걷는 데 큰 도움을 받는다고 한다.

둘째, 조직 내 평가에서 독서량은 중요한 기둥 역할을 하기 때문이다. 나는 커뮤니케이션을 전공하기 때문에 대상이 누구든 처음 대화를 할 때 그가 구사하는 어휘력, 논리력, 표현력 등을 종합하면 독서량을 파악할 수 있다. 대학입학 면접 때는 물론 직장 면접 때도 그가 사용하는 어휘력과 묘사력, 사례의 적절성, 다양성 등은 그의 면접 성공 여부를 결정하는 변수가 된다. 책을 얼마나 읽는지 말하지 않아도 눈에 훤히 보이기 때문이다. 직장 동료든 처음 본 사람이든 30분만에 그 사람의 지적 수준을 가늠할 수 있다. 이것은 호감·비호감으로도 연결될 수 있어 조직생활에서 중요한 역할을 한다. '인간은 아는 만큼 표현할 수 있을 뿐'이다.

셋째, 인간관계의 소통력은 독서가 결정하기 때문이다. 조직 내에서 자기표현력, 소통력은 개인의 능력을 결정하는 중요 요소다. 독서를 하지 않는 사람들은 매우 편협하고 자기가 아는 분야 외에는 무지한 편이다. 이런 사람들이 조직의 장이 되는 것은 매우 위험하다. 부하직원이나 참모들의 건의나 참신한 아이디어를 소화해 낼 능력이 없기 때문이다. 판단 이전에 소통에 문제가 있어 본인도 답답하고 직원들도 어려워 입을 닫게 된다. 입이 닫히면 마음도 닫히고 애사심이나 궁지가 생길 리 없다. 대화가 잘 안 되는 사람들, 소통에 문제가 있는 사람들은 하나같이 책과는 담을 쌓은 사람들이었다.

독서에 흥미가 없기 때문에 어휘력이 부족하고 이해보다 오해를 많이 한다. '배려'보다 '짜증'부터 먼저 낸다. 스스로 피해망상증에 사로잡혀 있는 사람들도 종종 눈에 띈다. 왜 운동선수에게도 공부가 필요하다고 정책을 바꿨겠는가. 공부의 시작은 바로 독서이며 이를 통해 인간관계의 핵심인 소통의 기술, 사회화 등을 배울 수 있다.

넷째, 독서는 자기표현을 보다 멋지게 할 수 있는 원천이 되기 때문이다. 조직에서 위로 승진할수록 프레젠테이션 혹은 스피치를 할 기회가 많아진다. 이때 독서를 통해 습득한 어휘력과 표현력, 국내외 사례 등은 큰 위력을 발휘하게 된다. 독서가 멋진 프레젠테이션을 보장하는 것은 아니지만 중요한 기초공사인 셈이다. 이것이 되지 않은 채 멋진 프레젠테이션을 꿈꾼다는 것은 사상누각과 다름없다.

현대사회는 자기표현이 능란한 사람이 성공한다. 왜 이 제품이 좋은지, 왜 이 학교가 멋진 대학교인지, 자신은 왜 이런 선택을 하게 됐는지 등에 대해 보다 설득력 있게 설명할 수 있다면 성공의 길을 걷고 있는 셈이다. 자기표현이 서툰 사람은 한때 겸손한 것으로 오해했지만 이제 그런 착각은 없다.

인간의 뇌는 TV를 볼 때 40%, 만화를 볼 때 60%, 책을 읽을 때 100% 작동한다는 연구가 있다. 어느 통계를 보니 저소득층, 저학년

층일수록 'TV와 접촉하는 시간'이 많았다. 술, TV, 인터넷 게임은 독서의 3대 적이다. 사회생활을 할수록 독서는 더욱 필요하지만 2차, 3차로 이어지는 술자리는 독서를 불가능하게 만든다. 바둑, 낚시, 포르노 등 채널 수가 많아진 TV는 책을 멀리하게 만든다.

이 글이 100년 뒤에 읽히더라도 인간이 '언어동물'로 존재하는 한 독서의 힘은 변함이 없다는 점을 믿는다. 성공을 꿈꾼다면 손에서 책을 놓치 말라. 스마트폰으로 언제 어디서든 각종 저널이나 기사, 독서 등을 할 수 있으니 얼마나 좋은 세상인가.

히딩크의 성공 비결 중 하나는 독서였다

거스 히딩크 감독이 한국 역사책을 통해 한국과 한국인을 배웠음은 유명한 얘기다. 일본의 어느 일간지는 표류기를 쓴 하멜 이후 가장 한국인에게 가까워진 그가 성공할 수 있었던 비결을 한 가지 소개했다. 한국인의 속성과 심리를 누구보다 잘 꿰뚫고 풍부한 이해의 바탕에서 개혁을 추진한 히딩크의 도전에 대해서였다.

무조건 자기 생각대로 밀고 나갔기 때문에 많은 반발을 자초했던 일본의 필립 트루시에와 다른 점이었다. 히딩크는 한국과 한국인을 알기 위해 책부터 들었다고 한다.

그가 한국 대표팀 감독에 취임한 뒤 가장 먼저 한 일이 한국인을 연구하는 것이었다. 입국한 지 이틀 만에 스태프에게 요청한 자료는 한국의 역사책이었다. 물론 영어로 된 것이었다. 히딩크는 이 책을 읽으며 한국의 역사를 배웠다.

36년간 침략을 했던 일본과 손을 잡고 월드컵을 공동 개최하게 된 한국인들의 대회를 향한 열정과 좋은 성적을 내야 하는 이유가 역사책에 녹아 있었다. 남에게 절대로 해를 입히지 않는 우리 민족의 역사와 밟을수록 질겨지는 잡초 같은 투혼도 배웠다. 속에서는 열정이 가득 넘치지만 그것을 제대로 표현하지 못하는 점도 파악했다. 서열을 우선으로 치고 기존의 틀을 벗어나지 못하는 것도 알았다.
히딩크는 역사책을 통해 한국을 파악한 뒤 개혁을 시작했다.

두번째로 그가 열심히 읽은 책은 바로 〈삼국지〉다. 수많은 영웅호걸이 전쟁을 치르는 얘기 속에서 자신이 가야 할 길을 배운 히딩크였다.
따지고 보면 월드컵도 그라운드라는 중원을 놓고 수많은 장수(감독)들이 병사(선수)를 데리고 치르는 전쟁이다.
귀중한 목숨이 오고가지만 않을 뿐 그라운드에서 벌어지는 월드컵은 그 나라의 모든 힘과 국민의 열정이 투입되는 치열한 전쟁이었다.
한 달간 원정을 떠날 때는 30권 이상의 책을 들고 간다는 히딩크!
그가 2002년 한일 월드컵 기간 동안 느낀 가장 큰 불만은 책을 읽을 시간이 없었다는 것이다.

너 자신에게 성실하라

● 발명왕 에디슨의 성공 DNA
● 만학도의 영광스런 대학 졸업장

발명왕 에디슨은 '성실' 하나로 평생을 살아온 역사의 주인공이다. 그는 만년에도 매일 16시간씩 일을 했는데, 자기가 유별난 체질이 아니라 다른 사람들이 게으르다고 생각했다고 한다.

또한 에디슨은 '사람들이 우리 인생의 귀중한 시간을 너무 많이 낭비하고 있다고 안타까워했다.' 그는 시간을 아끼기 위해 극히 적은 양의 식사를 했으며, 다른 사람에게도 식사를 줄이라고 권유했다.

에디슨은 84년 생애 동안 무려 1,093개의 발명품을 남겼으며, 아이디어 노트만 해도 3,400권이나 된다. 하루 20시간을 연구에 몰두했고 백열전구에 맞는 필라멘트를 구하기 위해 6,000여 종의 식물을 탄소처리할 만큼 열성을 보였다. 후손들은 그의 성실로 빚어낸 발명품으로 문명을 누리고 있으며 그의 성취에 박수를 보내는 것이다.

부지런한 사람이 모두 성공하는 것은 아니다. 그러나 게으른 사람은 반드시 실패한다. 인생에서 게으른 자가 가져갈 몫은 별로 없다. 주변을 살펴보라. 성실하지 않은 사람은 필연적으로 실패의 길을 걷게 돼 있다.

나는 왜 성실이 성공 DNA의 가장 튼실한 기초라고 주장하는가. 성실은 성공에 꼭 필요한 열정, 끈기, 기회, 시간관리, 독서 등과 긴밀하게 맞물려 있기 때문이다. 성실이 바탕이 돼야만 이런 성공 요소들이 빛을 발휘할 수 있다. 이 법칙은 어느 시대, 어느 상황, 어느 누구에게나 통용되는 만고불변의 법칙이다.

몇 년 전 인제대학교 강의실에서 있었던 일이다. 강의 중에 우연히 맨 앞자리에 앉은 한 '만학도'를 주목하게 됐다. 나이도 많아 보이는데 항상 일찍 와서 열심히 필기하며 공부하는 모습이 눈에 띄었다.

중간고사가 끝나고 학기 후반부로 갈 무렵, 학생들의 중간평가를 점검하던 중 17명 정도가 이대로 가면 F학점을 받을 것 같아 연구실로 불렀다. 개별면담을 통해 왜 이렇게 성적이 저조한지, 혹시 내가 알아야 할 부분이 있는지 질책을 하기 전에 먼저 이유가 궁금해서였다. 그 만학도도 여기에 포함돼 있었다. 연구실에 들어온 그에게 이런 질문부터 던졌다.

"성적이 좋지 않은 것 알고 계시지요. 지각이나 결석 한 번 없이 성실하게 강의를 듣고 있는데, 무슨 사연이 있습니까?"

"아이고, 교수님예, 제가 열심히 공부했는데 쪽지시험이다, 중간고사다 해서 막상 시험시간만 되면 외운 게 기억이 나지 않습디다. 우야믄 좋겠십니껴."

"실례지만 연세가 어떻게 되십니까?"

"저 올해 58세입니다."

당시 1학년이던 그는 웬만한 교수들보다 나이가 많았다. 나는 잠시 할 말을 잊었다. 나보다 나이가 많은데 어린 대학생들과 함께 공부하고 있다는 것 자체가 대단한 용기라는 생각이 들었기 때문이다. 나는 그에게 이렇게 말했다.

"용기가 대단하십니다. 그런 정신으로 시험성적에 구애받지 말고 열심히 하십시오. 우리 교수들에게도 큰 자극제가 되고 있습니다."

그와의 첫 대면은 이렇게 끝났다. 그 일이 있은 지 일주일쯤 후에 나는 전화를 받았다. '혹시 시간이 나면 점심을 함께 할 수 있는지'를 묻는 전화였다. 이것 역시 용기가 필요했으리라 생각해 바로 '예스'라고 답했다.

그는 내가 마음을 열어 준 데 대해 감사했고 인제대학교에 온 것을 참 잘했다고 생각했다. 그의 과거는 실패와 좌절, 눈물로 점철돼 있었다. 심지어 영도다리 위에 자살하러 두 번이나 올라간 적이 있었다. 초등학교 졸업장 하나 들고 막노동에서부터 하지 않은 일이 없을 정도로 바닥인생을 거쳤지만 그는 끝내 성공했다. 자식들은 모두 대학, 대학원을 졸업시켰고, 사업도 성공해 울산공단에서 어엿한 화학

플랜트 사업을 하는 기업가였다.

자신의 평생 소원을 이루기 위해 중학교, 고등학교를 검정고시로 마치고 마침내 대학 진학에 성공했던 것이다. 나는 그의 성공 스토리 이면에서 '성실성'을 확인할 수 있었다. 2011년 마침내 인제대학교를 졸업하게 된 그는 이미 언론에도 알려진 학생스타 '박재식' 씨다. 학생이면서도 장학금 수천만 원을 기부한 그는 나에게 이렇게 말한 적이 있다.

"학벌이 아무리 좋아도 요령을 피우고 성실하지 못하면 좋은 직장에 가서도 성공하지 못합니다. 반대로 학벌이 떨어져도 성실하게 노력하는 사람은 반드시 사장의 눈에 띄게 마련입니다. 성실하게 일하면 반드시 길이 열립니다."

남들에게는 대학 졸업장이 특별한 의미가 없을지도 모르지만, 그에게 대학 졸업장은 바로 성실과 용기로 이뤄 낸 성공의 징표다. 그에게 대학 4년은 누구보다 길었지만 영광스런 시간들이었다. 그는 뒤늦게 정식 대학 4학년 졸업장을 받겠다는 집념으로 자식보다 어린 학생들과 어울려 불편한 시간들을 감내했다. 자신의 목표가 무엇이든 그것을 이룬다는 것은 성공이라고 표현할 수 있다.

'성공학' 강의를 들은 수강생 중 전자지능로봇공학과 학생의 리포트가 생각난다. 이 학생은 리포트에서 아버지의 성공 비결 중 성실성에 대해 이렇게 묘사했다.

"아버지의 성실함은 부곡 지역에 소문나기 시작했다. 가게 영업이 잘 된 이유도 있지만, 그 성실함은 일하는 종업원들에게는 고역이었다. 아버지의 성실함은 또 다른 역할을 불러왔다. 지역사회에 기여하는 역할이 많아진 것이다. 온천관광협의회, 부곡초등학교 운영위원장, 밀양법무부 범죄예방위원 등. 늘 성실한 모습이 이런 역할을 맡게 해 주었다."

결국 이 아버지는 농민의 아들로 태어나 성실성 하나로 농협조합장에 선출되고 재임에도 성공하는 등 지역사회에서는 성공한 사람으로 정직한 조합장으로 알려졌다. 자식의 눈에도 아버지의 성실함은 존경의 이유이자 성공 평가 기준이 된다는 것은 보람찬 일이다.

그 꿈이 무엇이든 누구나 자신의 꿈을 이룬다는 것은 쉽지 않다. 영국의 대문호 셰익스피어는 "너 자신에게 성실하라. 밤낮으로 그렇게 하라. 그러면 그대는 어떤 사람에게도 불성실하지 못할 것이다" 라고 말했다. 성공은 캐시라고 한다. Cash(현금)가 아니라 KASH, 즉 K-Knowledge(전문지식), A-Attitude(성실한 삶의 자세), S-Skill(전문기술), H-Habit(성공습관)을 뜻한다.

성실하지 못하다면 성공을 논해서는 안 된다. '하늘은 스스로 돕는 자를 돕는다고 했다.' 이 말은 거꾸로 '하늘조차도 스스로 돕지 않는 자는 돕지 않는다' 는 뜻이기도 하다.

나 역시 남의 도움을 많이 받았다. 도움을 받을 수 있었던 이면에는 나름 성실성이 있었다고 믿는다. 내가 필요한 것은 최선을 다한 뒤 그래도 힘에 부칠 때 손을 내미는 것이었다. 내가 일단 먼저 손을 내밀 때 남이 잡아 주든 그렇지 않든 판단할 것이다. 스스로 손도 내밀지 않은 채 잡아 주기를 바라는 것은 아직 인생의 쓴맛을 제대로 보지 못한 것이 아닌가.

"생각하는 대로 먼저 성실히 움직여라. 그렇지 않으면 적당히 사는 대로 생각하게 될 것이다."

끊임없는 향상에 헌신하자
(Commit to Never Ending Improvement)

끊임없이 당신의 삶의 모든 면에서 더 잘할 수 있는 방법을 찾아보자. 끝나지 않는 향상을 의미하는 일본어는 '카이젠' 이다. 진보와 궁극적인 성공은 훈련하고 지속적으로 훈련하는 사람들에게 주어진다. 당신이 멈추어 서서 깨닫게 된다면, 당신은 더 나은 배우자, 아들, 딸, 친구, 고용자, 피고용자, 운동선수, 시민이 될 수 있다.

헌신은 내면에서 밖으로 나오는 것이고, 자주 시험되어진다. 최고의 것에 당신을 평가해 보자. 대부분의 사람들은 평균이 되기를 선택한다. 또한, 이것이 평균이 의미하는 것이다. 만일 계속 시도하는 것을 포기한다면, 자신은 당신의 한계를 알 수 없다. 이만하면 괜찮다는 생각을 버리자. 더 훌륭해지기 위해 헌신하자. 목표들을 하나씩 점검해서 매달 1%의 향상을 이룰 수 있는 방법을 생각해 보자. 성공은 여행이다. 그것은 한순간의 짐검이 아니다. 개신 과징 속에 기쁨이 있다. 성공을 올라가야 할 산의 정상으로 보지 말고, 꾸준히 걸어야만 할 높은 고원으로 생각하자.

항상 아이들과 고용인들이 최선을 다해 나아가도록 격려하자. 당신과 그들의 목표를 높게 설정하자. 당신은 그것보다 더 잘할 수 있다.

Constantly seek ways to do things better in all areas of your life. The Japanese have a word for the concept of never ending improvement, kaizen. Progress and ultimate success come to those who train and keep training. If you choose to stop and become aware, you can become a better spouse, son, daughter, friend, employer, employee, athlete and citizen. Commitment comes from the inside out and is tested often. Measure yourself against the best. Most others will choose to be average. This is what average means. You won't know your limits if you don't keep trying. Reject the idea of good enough. Commit to excellence. Take each of your goals and think of how you can improve one percent each month. Success is a journey. It is not a quick fix. The joy is in the doing. Think of success not as a peak to be climbed but a high plateau to be walked. Always encourage children or employees to do their best and to keep going. Set the bar high for yourself and them. You will all be the better for it.

출처 : www.success.org

정직한 것이 이롭다

● 인제대학교 첫 번째 교훈은 '정직'이다
● 이런 남자가 성공한다

한국 사회는 아직 정직을 바탕으로 하는 신용사회가 아니다. 이는 정직한 사람이 자칫 손해 볼 가능성이 많다는 것을 의미한다. 거짓과 과장, 이중플레이가 일반화된 사회에서 정직한 생각과 행동은 자신에게 불이익을 의미하는데, 말하기 좋다고 '정직하라'는 것은 설득력이 떨어지는 것이 아닌지 회의를 가진 적이 있다. 그러나 최종 결론은 역시 정직한 것이 훨씬 본인에게 이롭다는 것이다.

김수환 추기경이 살아계셨을 때의 일화다. 어느 기자가 김 추기경이 5개 국어를 구사한다는 소문을 듣고 직접 질문을 했다고 한다.

"추기경님은 몇 개 국어를 하십니까?"

그 질문에 김 추기경은 인자한 웃음을 보이더니 겸손하게 말했다.

"저는 2개 국어밖에 할 줄 모릅니다. 참말과 거짓말입니다."

김 추기경 같은 성직자도 때로는 거짓말을 한다는 것을 숨기지 않았다. 하물며 우리야 하루에도 몇 번씩 때로는 의도적으로, 무의식적으로 거짓말을 입에 달고 살지 않을까. 진실은 고통스럽고 거짓이 더 편할 때도 있기 때문이다.

미국 버지니아대학의 한 연구에 따르면 남녀 모두 10분 이상의 사회적 모임을 가질 경우, 그 중 5분의 1은 반드시 거짓말을 하며, 단 둘이 만났을 경우에도 3분의 1이 거짓말을 하는 것으로 나타났다. 신용사회를 강조하는 미국에서조차도 거짓말이 많은데 한국처럼 거짓과 과장이 판을 치는 곳을 조사하면 이보다 더 혹독한 수치가 나올 것 같다.

정직해서 손해를 보는 경우도 있지만, 정직 때문에 이익을 보는 경우도 많다. '성공학' 강의를 수강한 인제대 언론정치학부 서경아 학생은 자기 어머니의 성공사례를 리포트를 통해 이렇게 소개했다.

"5년 전쯤 10평 남짓 하던 포항횟집에 허름한 옷을 입고 한쪽 손이 없는 중년 남자 한 분이 하루가 멀다 하고 찾아와 제일 양이 적고 가격이 저렴한 3만 원짜리 모듬회를 1만 원어치만 달라고 하여 소주 한 병과 함께 하루의 고단함을 달래고 가곤 했어요. 어느 날 이 분이 술에 잔뜩 취해 오셔서 음식값이 13000원인데 10만 원짜리 수표와 3천 원을 주고 가버렸습니다. 술 취한 사람은 기억도 못할 텐데 어머니께서는 달려나가 그분에게 거스름돈 9만 원을 돌려주고는 택시까지 태워 보내셨습니다. 그 일이 있은 후 3일이 지나서 그 분이 100여 명의 손님과 같이 가게로 들어왔습니다. 알고 보니 그 분은 이름만 대면 알 만한 중견기업체 사장이었습니다."

평소 '짠돌이'라 소문난 그 사장은 다른 사람과 어울리지 않고 혼자 술을 마시는 것을 좋아해 그 동안 포항횟집을 찾아왔는데, 주인의 정직함과 성실함에 매료되어 단골손님이 된 것은 물론, 주요 거래처나 지인들에게 소개해 주어 예전의 4배 규모의 가게로 옮겨 갈 수 있었다고 한다.

매사에 정직하기란 쉽지 않다. 특히 장사를 하는 입장에서 정직은 곧 손해로 직결되기도 한다. 인간관계에서도 정직은 때로 상대에게 상처를 주기도 하기 때문에 불편할 수 있다. 그러나 정직은 신뢰의 기초가 된다. 스스로 자신을 아끼고 존중하는 사람은 순간의 위기를 모면하기 위해 거짓을 함부로 하지 않는다. 거짓이 가져올 결과는 때로 감당하기 힘들기 때문이다.

인제대학교의 첫 번째 교훈이 '정직'이다. 시골 초등학교 급훈에도 단골로 등장하는 것이지만, 나는 이를 실천하는 인제대학교의 정신을 자랑으로 여긴다. 한국에서는 말도 많고 탈도 많은 교수임용에서부터 편입학까지 인제대학교는 정직하게 일을 처리하기 위해 노력한다. 5개 백병원 교수까지 합치면 교수 수만 거의 1천여 명에 이르지만, 나는 아직까지 인제대에서 교수임용과 관련하여 비리건수가 발견됐다는 말을 들어본 적이 없다. 나는 이런 대학이 값지고 멋있다고 생각한다.

:: 이런 남자가 성공한다

1. 꿈을 가지고 있다.

성공하는 남자는 어렸을 때 가졌던 꿈을 늘 지키려고 노력한다. 동심의 순수함을 잃지 않으려 하는 것이다. 일이 잘 될 때나 안 될 때나 그 꿈을 포기하지 않는다. 도쿄에서 조금 떨어진 지방에서 유아교육 관련 기업을 운영하는 사장이 있는데, 이 사람의 꿈은 고향에 문화시설을 많이 설치하는 것이었다. 그의 꾸준한 노력 탓에 그 지역은 점차 교육을 중심으로 한 문화타운이 되었다.

2. 얼굴에 자신감이 넘친다.

성공하는 남자는 늘 자신감에 가득 차 있다. 그렇기 때문에 쉽게 화를 내지도 않고 어떤 상황도 의연하게 받아들일 수 있다. 사소한 일에 곧장 고함을 지르는 사람은 언제나 다른 사람에게서 큰 소리로 핀잔을 듣는 사람이다.

3. 어린아이 같은 표정을 갖고 있다.

성공하는 남자는 가끔 어리광부리는 아이 같은 표정을 지어 주위 사람들을 사로잡아 버린다. 무서움을 모르는 순수한 어린아이의 마음, 천진한 눈동자를 가진 남자를 주목해 보라. 그 사람이 무언가를 열심히 말하고 있는 모습을 보면 겉모습은 어른이지만 순수한 아이의 마음이 엿보여 기분이 좋아진다.

4. 가정을 소중히 여긴다.

성공하는 사람일수록 성실하다. 가정이나 가족을 소중히 여기지
않는 사람은 어딘지 모르게 마음이 들떠 있어 신뢰하기 힘들다.

5. 사전에 미리 준비한다.

중요한 사람을 만나야 한다면 사전에 미리 준비해야 한다. 식당이
라면 미리 가서 식사를 해 보고, 그곳의 소믈리에나 지배인에게
"언제쯤 다시 올 것이니 잘 부탁한다"는 인사를 남겨두는 철두철
미함도 필요하다. 그 정도 준비했다면 그날의 미팅이 성공적이라
는 건 안 봐도 알 수 있다.

6. 돈을 어디다 써야 할지 잘 판단한다.

단순히 과시하기 위해 돈을 쓰지 않는다. 돈의 용도를 확실하게
구분해서 쓰는 사람과 자신에게 투자하는 돈을 아끼지 않는 사람
이라면 성공 가능성을 점쳐 볼 수 있다.

7. 끝까지 최선을 다한다.

한두 번 실패를 통해 자신의 단점을 알게 되면 이것을 극복해 더
욱 강한 사람으로 변신한다. 장애를 극복하고 성공에 이른 사람들
에게서는 반드시 '헝그리 정신'을 찾을 수 있다. 내일을 위해 오
늘을 열심히 살고, 지금부터라고 결정했다면 조금도 미루지 않고
그 자리에서 행동으로 옮기는 사람이 성공하는 사람이다.

8. 남자를 반하게 만든다.

성공한 남자들 중에는 같은 남자도 반할 만한 사람들이 많다. 저 사람을 위해서라면 몸을 불사를 정도로 열심히 일하고 희생까지도 하겠다는 생각을 품게 만드는 사람이다. 이렇게 되기 위해서는 상대방의 아픔을 나의 아픔으로 받아들이며, 그 상처를 쓰다듬어 줄 줄 아는 사람이 되어야 한다.

9. 거짓말 하지 않는다.

하고 싶지 않을 때나 말할 수 없을 때에는 "지금은 말할 수 없습니다"라고 말하는 것이 낫다. 말을 하게 될 때에는 반드시 약속을 지켜야 한다. 타인에게도 자신에게도 거짓을 말해서는 안 된다.

10. 아랫사람에게도 배운다.

능력 있는 상사라면 부하직원들의 잠재능력을 이끌어 내 발휘할 수 있게 해야 한다. 그리고 부하에게서도 배우겠다는 열린 마음을 지녀야 한다. 실제로 이런 남자가 최후에 사람을 손에 넣고 이끌 수 있는 것이다.

– 나폴레옹 힐

아무리 멋지고 화려한 교훈도 실천 없는 구호에 그치면 의미가 없다. 일류대라고 자랑하지만 정직한 지성인을 키워 내지 못한다면 사회 발전은커녕 역행하는 결과를 빚기도 한다. 주위에 정직하지 못한 자칭 지식인은 차고도 넘친다. 진정한 리더는 정직과 신뢰를 중요한 가치로 여기고 존중한다. 이를 실천하는 리더는 참모들의 존경과 무한 신뢰를 받는 법이다. 정직이 때론 단순해 보이고 불이익이 예상되더라도 나는 이를 존중한다. 이것이 성공하는 사람들이 보여 주는 공통된 태도이기 때문이다.

"거짓말은 진리처럼 장수하지 못하나 출생률이 높다"는 말이 있다. 출생률 높은 거짓말이라면 피할 수 없고 대신 선의의 거짓으로 바꿔 보자. 그러나 그외의 거짓, 과장은 자신의 신망을 해치는 최대의 적이다.

영국의 극작가이자 교육자인 조지 버나드 쇼는 이런 말을 남겼다.

"거짓말쟁이가 받는 가장 큰 형벌은 그가 다른 사람한테서 신임을 받지 못한다는 것보다 그 자신이 아무도 믿지 못한다는 슬픔에 빠지는 것이다."

:: 프랭클린의 12가지 인생 계명

1. 절제 : 필요 이상으로 먹고 마시지 않는다.

2. 침묵 : 자신이나 타인에게 이로운 것 외에는 말하지 않는다.

3. 약속 : 자기 소유물은 각자 장소를 정해 두고 예정된 일은 모두
   시간을 정해 두고 지켜라.

4. 결단 : 자신이 할 일은 어떠한 일이 있더라도 주저하지 말며,
   한번 결심한 일은 지체없이 해치워야 한다.

5. 검소 : 자기나 남에게 이롭지 않는 일에 금전을 쓰지 말라.
   단 한푼이라도 낭비해서는 안 된다.

6. 공부 : 시간을 헛되이 보내지 말고, 유용한 일에만 써라.
   쓸데없는 행동을 하지 말라.

7. 진실 : 남을 속이지 말며 올바르게 생각하고 진실을 말하라.

8. 성실 : 옳지 못한 일을 하거나 자기 할 일을 게을리 하여
   남에게 피해를 끼치지 말라.

9. 중용 : 만사에 극단적으로 흐르지 말라.

10. 청결 : 몸, 옷 또는 가정을 불결하게 하지 말라.

11. 침착 : 작은 일에 놀라지 말라. 피할 수 없는 재난을 당했을 때는
    태연하게 대처하라.

12. 평화 : 스스로의 평화를 안정시키고 남의 평화를 어지럽히지
    말라.

'예의 갖추기'는 인생의 현찰

● 예의란 책임을 지지 않고 발행해도 되는 부도수표
● 예의 갖추기의 첫 출발은 미소 만들기

그 사람의 인격은 예의범절을 통해 나타난다. 예의를 갖추는 것이 필요하고 중요하다는 것은 누구나 인정하지만 이것을 체득하기란 쉽지 않다. 예의는 어느 날 갑자기 형성되는 것이 아니기 때문이다. 인생의 성공에서 예의는 왜 중요한가. 도대체 예의는 무엇이며 성공과 어떤 상관관계를 맺고 있는가.

예의란 좁은 의미에서는 인간이 지켜야 할 최소한의 도리, 행동규범이다. 여기에는 타인에 대한 배려와 존중, 상생정신, 인사 잘하기 등이 포함된다.

이것은 지방대학 출신 영업사원의 실화다. 어느 여름날, 그는 여러

차례 드나들었지만 거래를 성사시키지 못한 거래처에 다시 갔다. 그가 엘리베이터를 탔는데, 한 중년 사나이가 허겁지겁 뛰어오는 것이 보였다. 그는 열림 버턴을 누르고 있다가 웃으며 말했다.

"어서 오세요. 날이 덥죠?"

중년 사내는 그를 힐끗 돌아보며 마지못해 고개를 끄덕였다. 그는 자재과장을 만나 자신의 회사 자재를 납품하기 위해 열심히 설명했다. 그러나 그 과장은 마음에 들어하지 않는 눈치였다. 아, 오늘도 틀렸구나, 생각하고 일어서려는데 좀전에 엘리베이터에 함께 탔던 중년 사내가 들어왔다.

"안녕하세요. 자주 뵙네요."

그는 다시 웃으며 인사했다.

"아니, 부임하신 지 얼마 되지 않았는데 어떻게 부사장님을 아세요?"

자재과장이 눈을 휘둥그레 뜨고 물었다. 놀란 그가 정식으로 인사하자, 부사장이 방문 목적을 물었다. 그리고 자재과장의 설명을 들은 후 잠시 카탈로그를 살펴보았다.

"김 과장, 이 회사에서 생산한 자재라면 믿어도 돼. 사람을 배려할 줄 아는 직원들이 생산한 자재거든."(출처 : 나를 변화시키는 좋은 습관, 한창욱)

낯선 사람에게 인사하기란 매우 어렵다. 따스한 미소를 건넨다는 것은 습관이 되지 않으면 갑자기 잘 되지 않는 법이다. 그 영업사원의 성공은 우연인 듯하지만 예의바른 사람이 눈에 띄고 성공하는 것은 일종의 법칙이란 사실을 증명한 것이다.

무례한 사람, 오만한 사람은 하나같이 예의를 거추장스런 것으로 여긴다. 자신은 예의를 지키지 않아도 되지만 상대의 무례는 배로 갚아주는 경향이 있다.

경남의 한 시골에서 일어난 일이다. 그 마을에 심보가 고약한 사람이 살고 있었다. 그의 논은 고지대에 있어 먼저 물을 받은 후 물꼬를 아래 논으로 터줘야 했다. 그런데 그는 그렇게 하지 않았다. 일부러 다른 곳으로 흘러가도록 심술을 부리곤 했다. 마을사람들 사이에 그의 놀부심보는 악명이 높았다.

그에게 세 아들이 있었다. 어느 날 큰아들이 갑자기 정신이 이상해졌다는 소문이 들렸다. 큰아들은 아무 데서나 옷을 벗는 등 이상한 행동을 했다. 그러던 어느 날 큰아들이 마을에서 사라졌다. 거의 동시에 둘째아들이 형과 똑같은 증세를 보였다. 사람들은 '심술궂은 그'가 천벌을 받았다며 입을 모았다. 설상가상으로 셋째아들은 갑자기 원인 모를 병으로 사망했다. 충격을 받은 그는 쓰러졌고 끝내 일어나지 못했다.(출처 : 내 인생의 성공학 인당 리더십, 김창룡)

그의 욕심과 무례함은 가정을 파멸로 몰고갔다. 더불어 사는 사회에서 독식하겠다는 심보는 매우 위험하다. 그가 스스로 무너지지 않았더라면 동네사람들에게 몰매를 맞았거나 야간 테러를 당했을지도

모를 일이다. 공동체 사회에서 예의를 지키지 않는 것은 그만큼 위험한 법이다.

선진국과 후진국을 가 보면 공항 시설과 이용자들의 매너에서 벌써 차이가 난다. 담배꽁초를 함부로 버리고 침을 마구 뱉는 행동, 돈을 위해 거짓말을 예사로 하는 사회…. 어디에도 인간존중, 인간신뢰는 찾기 힘들다. 예의를 지키는 사람들이 많은 사회, 무례나 부정부패에 공분할 줄 아는 사람들이 많은 사회가 선진사회의 모습이다.

염세주의 철학자 쇼펜하우어는 "예의란 책임을 지지 않고 발행해도 되는 부도수표와도 같다. 지키면 지킬수록 득이 될 뿐 나에게 아무런 해가 되지 않는다"는 귀한 말을 남겼다. 나는 '자신에게 득이 되는 예의 지키기는 현찰과 같은 것'이라고 생각한다.

대학교치고는 드물게 인제대학교 정문을 올라가다 보면 '웃으며 인사합시다'라는 팻말이 보인다. 유치해 보일 수도 있지만 나는 이 팻말이 마음에 든다. 무표정한 내 인사법을 고치는 데 이만한 가르침이 없다. 아직 어색하지만 늦게라도 미소를 지으며 인사하려 노력한다. 예의 갖추기의 첫 출발점이 미소 만들기라고 믿기 때문이다.

내가 인제대학교에 와서 인당 백낙환 이사장으로부터 배운 정신 중의 하나는 '배려와 상생의 정신'이다. 인간사회에서 존중받아야 할 '배려와 상생의 정신'을 교수가 된 뒤에야 깨닫고 실천하는 법을 배우게 된 것은 순전히 인당의 생활 속 실천을 곁에서 보고 배웠기 때문이다.

해운대 백병원을 개원하고 나서 간호사를 모집하는데 한 특정병원에서 무더기로 응시했다고 한다. 우수한 인재를 필요에 따라 뽑으면 그만이라고 생각했지만 당신의 생각은 달랐다.

"한 특정병원에서 너무 많은 간호사를 받게 되면 그 병원이 타격을 받게 됩니다. 일정 수 이상은 설혹 우리가 필요하다 하더라도 뽑아서는 안 됩니다."

내 생각, 내 필요에만 집착하는 것이 아니라 상대에 대한 배려는 예의의 또 다른 표현이리라. 교수의 예의, 학생에 대한 예의, 학부모에 대한 배려 등 인성교육의 바탕이 되는 교육을 교수가 되고 나서 하나씩 배우고 있다. 그 가치의 소중함은 배울수록 절감하게 된다. 성공하고 싶다면 상대에 대한 예의와 배려를 소홀하게 하지 말라는 것을 나는 인당에게서 배웠다.

1 해외 입양인들을 위한 인제대 국제인력지원연구소(iiihr)를 설립하던 날. 인제대학교의 건학이념인 '생명존중 인간사랑'을 실천하는 봉사프로그램, 해외 입양인들을 위한 전문연구소는 전국 대학교 가운데 유일하다. 학교의 전액 예산지원으로 이들은 한 학기 혹은 두 학기 동안 인제대학교 기숙사에 무료로 머물며 한국어와 역사, 문화체험 등의 기회를 갖는다. 인당 백낙환 박사는 이들을 위해 모든 지원을 아끼지 않는다.

2 인제대학교는 2009년 한일국제환경상을 수상하는 영예를 안았다. 인당 백낙환 이사장은 '자연보호'를 건학이념으로 내세워 이를 실천하는 데 앞장섰다. 교직원, 학생들과 함께 낙동강 쓰레기 치우기 등 일회성 이벤트가 아닌 지속적으로 환경보호에 앞장서 온 CEO, 인당 백낙환 박사의 진두지휘 아래 지금도 환경보호운동은 계속 되고 있다.

3 　북한이 고향인 백낙환 이사장은 고향땅에 병원을 지어 헐벗고 굶주리는 북한 주민들을 돕는 일에도
　　앞장서고자 한다. 통일에 대한 염원을 가슴에 안고 북한을 방문하여 남북이 화해 협력할 수 있도록
　　민간 차원의 도움을 주고자 하지만 정치적 적대감 때문에 진척이 없어 매우 안타까운 심정을 토로한
　　적도 있다.

4 　낙동강 주변 쓰레기 청소에 백낙환 이사장이 학생들과 함께 봉사하고 있다. 인제대학교의 건학이념을
　　생활 속에 실천하는 최고경영자의 솔선수범은 교직원은 물론 학생들에게도 큰 자극이 되고 있다.

5   2010년 해운대 백병원을 개원했다. 80대의 가장 바쁜 최고경영자는 새로운 도전에 성공하여 5번째 백병원을 성공적으로 정착시켰다. 지역민들의 자존심, 아시아 의료 허브로 자리잡아 가고 있는 해운대 백병원은 경영의 노하우와 지역봉사 정신의 결합체다. '영원한 청년정신'의 백낙환 이사장의 도전은 멈추지 않고 있다.

6   해운대 백병원에 기념식수를 심고 있는 백낙환 이사장. 주변의 유능한 참모들을 거느리고 있다는 자체가 그가 얼마나 대단한 최고경영자인가를 짐작게 한다. 뛰어난 사람은 많이 봤지만 이들을 포용하고 힘을 합하여 결집된 응집력을 발휘해 낼 수 있는 사람은 소수에 불과하다.

7 2009년 백낙환 이사장은 도산 안창호 선생 순국 72주기 추모식과 함께 열린 '제14회 존경받는 인물
   상' 수상자로 선정됐다. 일제 식민지 시절 민족의 선각자 도산의 삶과 정신을 가장 많이 닮은 존경받
   는 인물을 찾아 수상자로 선정하는데, 백 이사장이 선정되는 영예를 안았다.

8 흥사단 주최 '존경받는 인물상' 수상자로 선정된 백낙환 이사장이 수상소감 인사를 원고 없이 설파하
   고 있다. 뒷 배경인물인 도산 안창호 선생을 흠모하는 백 이사장은 "도산의 무실역행과 정직한 삶에
   대한 철학 등이 인제대학교의 교훈 정직, 성실, 근면과 맥을 같이 한다"고 말했다.

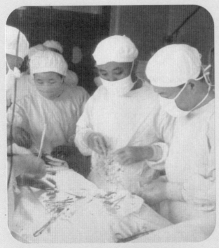

9 젊은 시절 백낙환 이사장은 유능한 외과의사였다. 수술을 위해 항상 손을 아꼈고 환자 우선의 정신을 강조했으며 의사들의 겸손과 헌신을 몸으로 실천했다. 의사 출신 백낙환 이사장은 학교도 병원처럼 깨끗해야 한다는 정신으로 청소용역비를 타 대학에 비해 훨씬 더 많이 책정하기도 한다.

10 백낙환 이사장은 학생들과의 만남을 좋아하며 이들에게 도움을 주는 것을 보람으로 여긴다. 소통을 중시하는 백 이사장은 학생 간부는 물론 홍보대사들과도 대화를 통해 건의사항, 불편사항 등을 수렴하여 학생만족도를 높이기 위해 노력한다. 학생만족도가 높은 전국 대학 상위 20개 대학에 지방대학으로는 드물게 인제대학교가 자리를 차지하는 데는 바로 백 이사장의 소통중시 학교경영 철학이 있기 때문이다.

白樂晥 理事長님

일자 : 2009년 9월 24일

11 백낙환 박사는 부인 박숙란 여사에 대해 공개적으로 자랑하는 것을 매우 쑥스러워했다. 백 박사는 평생의 동반자 박 여사에 대해 그의 자서전 〈영원한 청년정신으로〉에서 "내 인생의 빛이요 기둥이었으며 나와 아이들을 지키기 위해 모든 노력을 아끼지 않았다"고 말했다. 2010년 9월 생신을 기념하는 자리에서 "병원과 학교를 오가며 바빠서 집안을 제대로 보살핀 틈이 없었는데, 안사람이 잘 내조해 줘서 큰 어려움 없이 일에 매진할 수 있었다"며 부부애를 과시했다. 멋진 동반자는 그 자체로 경쟁력을 배가시키는 힘이다.

12 그의 스승이자 큰아버지 백인제 박사의 사진을 집무실에 걸어두고 그의 공익정신과 봉사, 헌신의 철학을 본받고자 노력한다. 6·25전쟁 때 납북된 후 다시 만나지 못한 큰아버지의 과업, 백병원 중흥의 사명을 필생의 업으로 일로매진 해온 백낙환 박사. 그는 큰아버지와 함께 찍는 사진을 늘 자랑스럽게 생각하며 진한 향수에 잠기기도 한다.

내 안의 배짱을 키워라

● 월나라 왕 구천의 용기와 인내
● 캄보디아에서 시집온 '라포마라' 씨의 인간승리

배짱이 있어 보이는 사람도 있고 배짱이 없다는 말을 듣는 사람도 있다. 결과적으로 말하면 '배짱이 있다'는 말을 듣는 사람이 성공 확률이 높다. 이들은 대부분 과감한 도전을 하며 실패도 두려워하지 않는 성격의 소유자다. 신중하지 못하거나 가끔 주변과 마찰, 갈등을 빚기는 하지만 성공 유형들은 배짱, 깡, 용기, 도전정신 등이 두드러진다. 여기서 나의 경험을 소개하고자 한다.

울릉도 태생으로 가진 것이 없던 내가 서울에서 대학을 졸업한 후 유학을 떠나겠다고 결심했을 때의 일이다. 비행기 값을 마련할 수 없었던 나는 큰 곤경에 빠져 있었다. 유학생들을 인솔해 이스라엘로 떠나기로 한 교수님은 '돈 없으면 유학은 곤란하다' 고 말했다.

나는 우여곡절 끝에 겨우 여비를 마련했지만, 교수님도 어려운 여건에서 공부한 분으로 알고 있는데 나처럼 어려운 학생에게 용기는 커녕 실망을 주었다는 점이 섭섭하기까지 했다. 그러나 일단 이스라엘로 떠나기 전까지는 아무 말도 하지 않았다.

마침내 이스라엘 키부츠에 도착해 고된 일과를 보내면서도 이 일을 그냥 넘겨서는 안 되겠다고 마음먹고 교수님에게 편지를 전하기로 했다. 내용은 '교수님같이 역경을 뚫고 성공하신 분이 어떻게 비슷한 환경의 제자가 몸부림치는데 절망적인 말씀을 하셨는지… 후배들에게는 그렇게 하지 않았으면 좋겠다' 는 것이었다. 솔직한 심정이었지만 당시 좀 당돌했던 것 같다.

교수님은 바로 답장을 보냈다. "다 잊었으니… 김군이 잘 되기를 바란다"는 내용이었다. 더 이상 편지를 보내지는 않았지만 나는 속으로 눈물을 흘리며 이를 악물었다. 당시 거듭된 실패와 좌절로 망가졌던 나는 "반드시 성공해 보란듯이 나타나겠다"고 결기를 세웠다. 이 일은 나에게 꿈을 향한 성공의지를 더욱 키우게 해 주었다.

불리한 여건에서 이것도 저것도 안 될 때는 '오기' 라도 부려봐야 한다. 특히 역경이 반복해 다가올 때 위축되거나 자포자기하면 더욱 되는 것이 없다. 키부츠 농장일을 하는 동안 다른 사람들은 '힘들다' 며 중간에 떠나는 경우가 있었지만 나는 포기할 수 없었다. 이스라엘을 디딤돌로 다시 영국으로 갈 수 있었던 것은 내 안의 불타오르는 오기, 배짱도 한몫 했다.

세월이 흐른 후 교수님을 다시 찾아가 '나의 철없던 시절의 무례에 대해 사과하고 그때 도와주신 그 은혜에 대해 감사의 마음'을 전했다. 그는 따뜻하게 맞아주며 "김 박사가 무에서 유를 창조하며 멋지게 해낼 줄 알았다"며 격려해 주었다.

어려움에 처했을 때 이에 대처하는 데 두 가지 유형이 있다. 고난이 닥치면 꺾이거나 자포자기하는 유약형, 반대로 이를 악물고 용기를 발휘하는 저항형. 두 유형은 모두 장단점이 있지만 나는 저항형을 권장한다. 특히 한국 같은 자본주의 사회, 껍데기 문화가 지배하는 사회에서 가진 것이 없거나 소위 일류대 출신이 아닌 사람들은 자신 안의 용기, 배짱, 오기, 깡, 도전정신 등을 키우라고 권하고 싶다. 이것마저 없다면, 성공을 논하기가 어려워진다.

역사의 사례를 보더라도 이런 저항형들이 위대한 업적을 냈다. 기원전 496년, 고대 중국은 패권을 잡기 위해 당시 오나라와 월나라 간에 전쟁이 이어지고 있었다. 승패를 주고받으며 서로 원수지간이 돼 있었다.

오나라의 왕 합려가 월나라를 쳤으나 패하고 말았다. 합려는 죽기 전 아들 부차를 불러 "부차야, 이 아비의 원수를 갚아다오"라는 유언을 남겼다. 비통하게 아버지를 잃은 부차는 부하들에게 이렇게 말하도록 시켰다.

"내 방에 드나들 때마다 '부차야, 아비의 원수를 잊었느냐'고 말해 주시오."

이런 소식을 들은 월나라 왕 구천은 오나라를 선제 공격하기로 결심했다. 회계산 전투에서 적개심에 불탄 부차에게 월나라는 패하고 왕 구천은 포로가 되었다. 부차의 책사 오자서는 구천을 죽이라고 권하지만 부차는 이를 받아들이지 않고 구천에게 온갖 모욕을 주며 하인처럼 부렸다.

스스로 목숨을 끊어야 한다고 권하는 부하가 있었지만 구천은 패배의 아픔과 수모를 속으로 삼키며 부차의 '똥'까지 먹는 시늉을 했다. 천신만고 끝에 월나라로 돌아온 구천은 방안에 짐승의 쓸개를 매달아 놓고 이것을 핥아 쓴맛을 되씹으며 다짐했다. 이것이 와신상담(臥薪嘗膽)의 유래가 된 것이다. 구천의 용기와 배짱, 인내심은 오늘날에도 회자되고 있다. 이 이야기는 중국역사서 〈십팔사략〉과 〈사기〉에 나오는 것이다.

배짱에 대한 사전적 풀이는 '마음속으로 다져 먹은 생각이나 태도' 혹은 '조금도 굽히지 아니하고 버티어 나가는 성품이나 태도'라 했다. 오기는 '능력은 부족하면서도 남에게 지기 싫어하는 마음. 혹은 잘난 체하며 방자한 기운'이라 했다. 배짱은 용기와 일맥 상통하면서 '오기'와도 비슷한 측면이 있는 것 같다.

좀 부정적 의미로 사용되는 오기나 용기, 배짱, 도전정신 등 내 안의 결기를 세우지 않으면 이 세상은 나를 가만히 놔두지 않는다. 도전하여 눈물을 극복하는 자를 세상사람들은 '성공했다'고 부른다. 조선일보(2011년 1월 3일자) '최보식이 만난 사람' 코너에 재미 있는 이야기가 소개되었다.

캄보디아에서 한국에 시집와 경찰관이 된 '라포마라' 씨의 인간승리 스토리다. 국제결혼은 상당수가 비극으로 끝나 사회문제가 되는 이면에 이처럼 라포마라 씨처럼 성공 스토리의 주인공도 있다. 비슷한 상황에서 누구는 실패하고 누구는 성공하는 것이 세상의 법칙이다.

15살 차이가 나는 남편, 소통되지 않는 언어문제, 동남아인들에 대한 사회적 멸시와 문화적 우월감 등 한국인들의 정서와 태도는 라포마라 씨가 넘기 어려운 장벽들이었다. 라포마라 씨의 성공 비결은 한국어를 배우기 위해 하루 10시간 이상 공부하는 성실함과 집념, 타 문화에 대한 이해와 존중, 환경이나 남을 탓하기 전에 자신을 변화, 적응시키기 위한 노력과 도전정신이었다. 그녀는 한국인의 인종차별에 대해 이렇게 말했다.

"솔직히 한국사람이 못됐다는 생각을 한 적이 있어요. 하지만 그런 사람은 한 명도 아니고 여러 명이기 때문에 바꿀 수가 없어요. 또 한국인은 한국인들끼리 살아왔는데 갑자기 외국인들이 많이 들어와 다문화 사회가 되니 그럴 수 있겠다고 이해하려고 합니다. 이제 그 사람들이 나를 좋게 생각하든 말든, 우선 제가 잘해야겠다고 마음먹습니다. 제가 웃으면서 열 번 인사하면 한 번은 돌아오지 않나, 그렇게 마음먹으면 편하잖아요. 우선은 내 마음을 바꿔야 해요."

그녀의 메시지는 분명하다. 자신의 생각을 긍정적으로 먼저 바꾸는 것이다. 좌절의 환경, 실패의 조건에서도 이를 악물고 자신과 먼저 싸웠고 포기하지 않았다. 경찰모는 그녀에게 승리의 월계관이다. 캄보디아에서는 성공 신화의 주인공이 됐고 남편은 '가문의 영광'이라고 자랑하고 있다. 성공의 열매는 달다. 실패해 본 자들은 그 맛을 더욱 절감하는 법이다.

내가 나를 통제하려면 용기와 자신에 대한 믿음이 있어야 한다. 보다 나은 선택을 위해서도 배짱은 필요하다. 성공하는 사람들은 용기를 밑천삼아 자신의 운명을 스스로 개척해 나가기 때문이다.

:: 실패자가 극복해야 할 16가지 업무습관

1. 자신이 무엇을 바라고 있는지 모르고 설명도 하지 못한다.

2. 오늘 할 일이 무엇이건 내일로 미룬다.

3. 자기계발이나 업무에 관심을 기울이지 않는다.

4. 자신의 일이 아니면 회피하고 책임전가를 한다.

5. 문제를 해결할 생각은 없고 변명할 생각만 한다.

6. 자기만족과 도취에 빠져 환상의 나날을 보낸다.

7. 중대한 문제에 직면하면 싸워보지 않고 타협하는 자세를 취한다.

8. 상대방의 잘못은 지적하면서 자신의 잘못은 인정하지 않는다.

9. 안일하게 하루하루를 보낸다.

10. 작은 장애물에도 쉽게 포기한다.

11. 계획과 문제 분석표를 작성하지 않고 타성에 의존한다.

12. 기발한 아이디어나 기회가 와도 실행하지 않는다.

13. 환상의 꿈만 쫓고 실천을 하지 않는다.

14. 노력하는 것보다 일확천금을 꿈꾼다.

15. 나은 미래를 위해 투자하기보다는 지금의 생활에 안주한다.

16. 타인의 시선이나 비난이 두려워 앞에 나서지 않는다.

– 나폴레옹 힐

약점을 역이용하라

● 한국 축구의 대명사 박지성의 평발
● '국민할매' 김태원의 부활

약점은 극복하면 보약이 되고 품고 있으면 맹독이 된다. 아무리 완벽해 보이는 사람일지라도 누구나 약점은 있다. 최고의 스타도 콤플렉스를 갖고 있는 것이 인간이다. 그래서 함부로 주눅들 필요도 없고 잘난 척해서도 안 된다. 약점은 역으로 잘만 이용하면 장점으로 변할 수도 있다.

'네 손가락의 희야'는 성치 않은 손으로 누구보다 아름다운 피아노 연주를 한다. 다리조차 무릎 이하는 성장하지 않아 걷기도 불편하다. 그러나 밝은 미소와 함께 '희망의 전도사'로 전 세계를 누빈다.

말이 없는 미국의 존 파피 역시 세계적인 성공학 강사로 유명하다. 강한 정신력과 통찰력으로 자신의 역경을 어떻게 견뎌냈는지 생생하게 전하는 희망의 산증인이 되고 있다. 이들은 일상생활 속에서 수십 배 많은 어려움과 좌절을 경험했지만 끝내 승리자가 됐다.

패배자들은 부모와 환경 탓을 하고 승리자들은 더 어려운 여건 속에서도 남 탓을 하지 않는다. 현재 자신이 처한 환경과 모습을 받아들이고 도전, 또 도전하는 것이다. 오히려 그 약점으로 인해 더 강한 사람, 더 유명해지는 계기로 만든다.

한국 축구의 대명사 박지성을 보라. 그의 발은 평발로 군대에 가지도 못할 정도로 축구선수에게는 치명적 결함이었다. 그러나 발바닥이 해질 정도로 연습에 또 연습을 거듭해 결국 대선수가 됐다. 그는 집념과 노력으로 약점을 강점으로 바꿔 버렸다.

한국 여자골프 선수 중 최단신에 속하며 게다가 뚱뚱하다는 평까지 듣고 있는 신지애 프로. 누가 봐도 운동선수 몸매로 보기에 무리가 있고 스스로도 만족하지 못하고 있음을 TV에 나와 고백했던 신 선수. 그러나 그런 불리한 신체적 조건을 극복하기 위해 연습벌레가 됐다. 그의 손 곳곳에 흉터처럼 박혀 있는 굳은살은 평소에도 얼마나 연습을 많이 하는지를 보여 준다.

약점을 약점으로 받아들이고 그것을 뛰어넘기 위해 노력할 때 성공은 가까이 다가온다. 그러나 약점을 원망하며 약점을 핑계삼을 때 운명의 신은 결코 손을 내밀지 않는다. 약점이나 콤플렉스는 일종의 내적 도전이다. 그 도전을 훌륭히 대처해 극복하는 과정에 참으로 많은 것을 깨닫게 된다. 꼭 '극복'이라는 용어가 아니더라도 그것과 투쟁하며 성실히 살아가는 자체도 용기 있는 일이다.

위대한 아버지

한 소년이 있었다. 소년은 몸이 매우 허약하여 겨우 생명이 붙어 있을 정도였다. 학교에 가야 할 나이였지만 갈 수 없었고, 온종일 드러누워 있어야만 했다. 소년은 눈물을 흘리면서 아버지에게 말했다.

"학교에 가고 싶어요!"

소년의 아버지는 아들의 등을 쓰다듬으면서 부드럽게 말했다.

"염려하지 말아라. 너는 곧 건강해져서 학교에 갈 수 있고, 친구들처럼 뛰어다닐 수도 있을 것이다."

그리고 이어서 말했다.

"이러고 있을 게 아니라 오늘부터 조금씩 운동을 시작해 보자."

"누워 있기도 힘든데 어떻게 운동을 해요?"

"넌 할 수 있어, 그보다 어려운 일도 잘 해낼 수 있을 거야."

소년은 운동을 하고 싶지 않았지만 아버지의 뜻을 저버릴 수 없어 운동을 하기 시작했다.

몹시 괴로운 일이었다. 소년의 아버지도 울고 있었다.

소년과 아버지는 한두 번으로 그치지 않고 매일 지속적으로 운동을 하였고, 그 결과 건강이 차츰차츰 회복되어 나중에는 대학까지 졸업할 수 있었다. 그 후 소년은 두 번이나 미국 대통령에 당선되었다.

이 소년이 그 유명한 '루즈벨트' 였다.

뛰어난 사람들, 성공한 CEO들은 하나같이 역경을 딛고 일어선 불굴의 승리자들이다. 콤플렉스를 극복하는 과정에서 남들보다 더 많은 것을 고민했고 남들보다 더 많은 노력을 했다. 이것이 자연스럽게 체화되어 시야를 넓히고 삶의 성공 노하우를 체득하는 교육이 된 것이다.

콤플렉스를 극복하라고 주장하지만 말처럼 쉬운 일이 아니다. 좌절과 실패가 더 가까이 있다. 스무 살 이후 머리숱이 적어지기 시작한 J군은 머리 때문에 항상 모자를 쓰고 다녔다. 약을 먹는 등 백방으로 노력했지만 소용없다는 생각에 좌절감에 빠졌다. 외모 때문에 입사 서류조차 내지 않고 포기하고 말았다. 아직 젊은 그를 콤플렉스는 꼼짝달싹 못하게 주저앉혔다.

몇 년 전 부산시장 선거를 앞두고 후보자간 TV토론 사회를 맡았을 때다. A후보는 평소에도 말을 더듬는 것이 확연하게 나타났다. TV토론에서 말을 더듬는다는 것은 치명적인 감점 요인이다. 그는 최선을 다했지만 그 토론에서 좋은 점수를 받았다는 평가는 나오지 않았다. 물론 그것 때문에 낙마했다고 단정할 수는 없지만 패인의 하나가 된 것은 분명하다.

훗날 나는 A후보가 선천성 말더듬이로 태어나 어릴 때 성악을 하는 등 부모님과 자신이 얼마나 노력했는가를 우연히 알게 돼 큰 감동을 받았다. 나는 뒤늦게라도 그에게 한마디 해 주고 싶었지만 그 말을 전하지는 못했다. 자신의 콤플렉스를 솔직하게 인정하고 시청자들에게 미리 양해를 구했더라면 오히려 동정표를 더 얻지 않았을까.

인간은 겉은 멀쩡하지만 정신이 병든 사람이 많다. 우리가 편견을 버려야 할 이유가 바로 여기에 있다. 살인범도 흉악범도 악마처럼 생기지 않았고 천사 같은 우리 사회 영웅들도 의외로 평범한 일상의 모습을 하고 있을 뿐이다.

외모에 대해 의외로 많은 사람들이 콤플렉스를 갖고 있다. 심지어 뛰어난 외모를 가진 연예인조차 '코가 조금 이상하다, 눈이 더 커야 한다' 등의 이유로 성형외과를 찾는다. 외모지상주의 사회에서 이런 현상을 굳이 비판할 생각은 없다. 인간은 누구나 콤플렉스를 갖고 있다는 점을 인정하게 되면 스스로의 약점에 대해서 좀 더 관대해질 수가 있다.

∷ 인간이 극복해야 할 6가지 결점

1. 자기 이익을 위해서라면 남을 희생시켜도 된다고 생각하는 것.
2. 변화나 수정이 불가능하다고 고집하고 걱정만 하는 것.
3. 어떤 일에 대해 성취할 수 없다고 생각하고 움직이지않는 것.
4. 사소한 애착이나 기호를 끊지 못하는 것.
5. 수양이나 개발을 게을리 하고 독서와 연구 습관을 갖지 않는 것.
6. 자기 사고방식이나 행동양식을 남에게 강요하는 것.

– 키케로

고통 속에 아파하다 죽어가는 사람들도 작은 암세포 하나 때문에, 보잘 것 없는 바이러스 하나 때문에 쓰러진다.

보잘 것 없어 보이는 작은 결점 하나 때문에 삶이 무너질지도 모른다. 그러나 불행하게도 자신의 결점을 자신은 모르고 남이 알 때가 더 많다. 나의 결정적인 결점이 무엇인지 아는 사람은 이미 결점을 극복하기 시작한 사람이다.

하버드대에서는 '1학년 때 연애를 하지 말라' 는 말이 있다고 한다. 그 이유를 조선일보 워싱턴 특파원을 지낸 강인선 기자는 이렇게 풀이했다.

"남을 사랑하기 전에 자기 자신을 먼저 사랑하고 관리하는 법을 배우라는 뜻이다."

얼마나 멋진 말인가. 자신을 알고 사랑한다는 것은 자신의 장점은 물론 단점, 콤플렉스까지 받아들이고 인정해야 한다는 뜻이다. 자신을 사랑할 줄 아는 법을 먼저 터득한 다음이라야 남을 제대로 사랑할 수 있다는 것. 자만심이 아닌 자존심이 있는 사람들은 자신을 있는 그대로 받아들이고 자신을 가다듬는 데 노력을 기울인다. 결점이 많을수록 더 많은 노력과 정성이 필요한 법이다.

가난과 불행, 역경, 결함, 학력 콤플렉스 등은 극복의 대상이다. 이를 극복한 사람들과 그렇지 못한 사람 사이에는 인생의 깊이와 폭, 향기가 다르다. 부끄러운 과거도 이를 극복할 수만 있다면 찬란한 인생의 자산이 될 수 있다.

사슴은 아름다운 뿔로 인해 비참한 죽음을 당하기도 한다. 호랑이의 귀는 작고 보잘 것 없어 보이지만 십리 밖 사슴의 낙엽 밟는 소리까지 들을 수 있다고 한다. 크고 작은 역경, 부끄러운 콤플렉스 극복 경험이 없다면 성공을 논할 수 없다. 자신에게 다가온 실패와 좌절, 인간적 약점을 있는 그대로 받아들이자. 이를 극복하는 순간, 인생의 보약이 무엇인가를 느끼게 될 것이다.

"한때는 모든 게 콤플렉스, 지금은 모든 게 경이롭다"

조선일보 2011년 1월 7일자 연예기사에 콤플렉스와 관련하여 '국민할매'로 불리는 김태원의 인터뷰 내용이 눈길을 끌었다. 그의 메시지를 잘 읽어보자.

음악드라마 주인공 · 오디션 프로 심사위원으로 재조명받는 '부활' 김태원
"내일이 더 중요한 도전자들 상처보단 용기 주고 싶어
이승철과는 언젠가 다시 아름다운 음악 함께 했으면"

칠흑의 카리스마를 발산하던 로커가 누구나 만만하게 다가가는 연예인이 됐다. KBS '해피선데이– 남자의 자격'을 통해 '국민할매'라는 별명을 얻은 록밴드 부활의 리더 김태원(46)이다. 부실한 체력과 엉뚱한 상상력으로 TV 시청자들에게 폭소를 안겨주고 있는 그는 "콤플렉스로 점철된 내 인생에서 가장 경이로운 세월"이라며 스

스로 감탄하고 있다.

하지만 그가 창조한 선율에 한 번이라도 매혹된 경험이 있는 팬들에게는 섭섭함이 남았다. 뮤지션 김태원에 대한 갈망. 그런데 작년 말부터는 이마저도 해소됐다. 그가 MBC 오디션 프로그램 '위대한 탄생' 심사위원을 맡으면서 자신의 음악 내공을 TV 밖으로 시원하게 쏟아내고 있기 때문이다. 매정한 비판보다는 사려 깊은 조언에 힘쓰는 그를 두고 '따뜻한 카리스마' 라는 찬사도 이어진다.

"귓전을 때리는 노래보다 도전자가 살아온 과정을 주의 깊게 살펴보고 있어요. 자신의 삶에 스토리가 있다면 사람들 가슴에 와 닿는 음악을 만들 수 있거든요. 오늘보다 내일이 중요한 그들에게 상처보다는 힘을 줘야 한다는 게 제 심사철학입니다."

김태원에게 음악에 인생을 건 청년들과의 대화는 일상이었다. 그는 "평생 공연장 혹은 술자리에서 노래하고 연주하는 후배들에게 이런 저런 조언을 들려주고 살아왔다"며 "요즘은 그 얘기를 TV로 전파하고 있는 셈"이라고 했다. 그는 조숙한 응시자들에 대한 의아함도 털어놓았다. "나이 스무 살 때 저는 사회성이라고는 전혀 찾아볼 수 없었고 음악에만 심취해 있었다"며 "그런데 요즘은 스무 살밖에 안 된 친구들이 마치 사회를 다 아는 듯이 얘기하니 슬픔과 기쁨이 교차한다"고 했다. "사실 마음을 담지 못한 채 기교만으로 노래하는 친구들도 자꾸 눈에 띄어서 안타깝습니다. 공식은 모르고 답만 아는 셈이죠. 노래하는 기계가 돼서는 안 되는데….”

그에게는 오디션 심사위원도 평생 직업이다. 1986년 데뷔한 부활은 이승철, 고(故) 김재기, 김재희, 박완규, 이성욱 등 많은 절창(絕唱)을 세상에 쏟아냈다. 이는 모두 리더 김태원의 선택에 따른 것이었다.

김태원은 “기회가 온다면 이승철과 다시 아름다운 음악을 만들고 싶다”고 말했다.”여태까지 부활 보컬 오디션에 참가한 사람이 1만 명쯤 될 겁니다. 판단 기준이요? 마이크 앞까지 걸어오는 모습에서 대부분 결정이 나죠. 열정이 있는 사람은 눈빛부터 달라요. 그리고 저는 이렇게 묻죠. ‘네 정체가 뭐냐?’ 가장 인상적인 대답은 박완규였어요. 조금도 기죽지 않고 ‘저는 지금 여기에 있습니다’ 라고 하더군요. 역시 그는 소름 끼칠 정도로 엄청난 가창력을 뿜어냈죠. 노래할 때도 먼저 눈길을 주는 곳은 손입니다. 자신감이 넘치는 사람은 손의 움직임이 당차고 자연스럽거든요. 저는 눈과 함께 손도 마음의 창이라고 생각해요.”

그는 작년 말 음악 드라마의 주인공으로 조명되기도 했다. KBS 2TV ‘드라마 스페셜 – 락ROCK樂’에서 그가 걸어온 길을 고스란히 담아냈다. 그는 “그야말로 가문의 영광이었다”며 “젊은 날의 방황이 좋은 음악의 밑거름이 된다는 사실을 보여 주고 싶었다”고 했다. “요즘은 왜 이렇게 음악을 가르치는 학교가 많은지 모르겠어요.

너무 쉽고 편안하게 음악을 하려는 세태가 걱정스럽습니다."

"왜 그렇게 방황했느냐?"고 묻자 "모든 게 콤플렉스였다"며 피식 웃었다. "외모에 대한 불만도 많았고 세상에 대해 마음을 닫고 살았어요. 웃음기라고는 전혀 찾아볼 수 없었고 늘 어둠만이 가득했죠. 부활로 활동을 시작한 뒤에도 노래를 만들고 기타를 연주하는 저 대신 늘 승철이(이승철)만 세상의 주목을 받는 상황이 커다란 좌절감을 안겨줬습니다."

그는 "이제야 그런 콤플렉스를 훌훌 털어냈다"고 했다. "저처럼 허약하고 부족해 보이는 사람이 TV를 통해 대중의 사랑을 받는 걸 보고 사람들이 자신감을 얻었으면 좋겠어요. '국민할매'라는 별명도 감사하게 생각합니다. 제가 수많은 사람들과 편안하게 교류할 수 있는 계기가 됐잖아요. 그리고 또 한 가지, 승철이하고는 언젠가 다시 아름다운 음악을 함께 만들 수 있을 거라고 기대하고 있습니다."

최소한 한 가지 스포츠는 반드시 하라

● 스포츠는 심성을 연마하는 훌륭한 실습장
● 세계적으로 통하는 스포츠 외교

'스포츠맨십은 지도자의 필수자질이다.' 미국이나 영국 등 서구사회에서는 스포츠를 매우 중시한다. 대학 입시에서도 성적과 함께 스포츠 활동을 반드시 평가한다. 한국처럼 수능에 올인하도록 만드는 방식과는 거리가 멀다.

이런 행태는 일반 사회생활에서도 그대로 연결된다. 지역사회를 형성할 때 일정한 규모의 도시가 형성되면 반드시 스포츠, 문화 시설을 갖추도록 한다. 한국처럼 아파트만 빽빽하게 들어차도록 허가하지 않는다.

한국과 서구사회는 많은 문화적 차이가 있기 때문에 무조건 무엇이 좋다 나쁘다는 식으로 말할 수는 없다. 그러나 어느 쪽이 더 건강하고 바람직한가에 대해서는 다양한 논의가 있을 수 있다.

한국은 기본적으로 연줄 사회가 강하기 때문에 술문화, 떼거리문화가 발달했다. 획일화된 사회에서 누구나 비슷하게 행동하고 비슷하게 살아가야 '튀다'는 소리를 듣지 않는다. 일이 끝난 뒤 '한잔'이 거의 공식처럼 이뤄지는 회식문화에서 '불참통보'는 매우 위험한 신호가 된다. 이런 사회풍토에서 운동 시간을 마련하기란 쉽지 않다.

술자리에 잘 참석하고 술값도 자주 내게 되면 '인간성 좋다'고 소문이 난다. 직장생활에서는 이런 식으로 '공사 구분 없이 윗사람 잘 모시는' 부하직원이 능력과 무관하게 고속승진을 보장받는다. 특히 공기업 같은 곳에서 승진은 능력보다 연줄과 함께 눈에 보이지 않는 요소가 결정적 작용을 한다.

윗사람의 눈치를 봐야 하고 술자리가 잦아지는 만큼 자기계발이나 스포츠는 힘들어진다. 물론 이사급 정도 되면 골프장 같은 곳을 자연스레 갈 수 있지만 그것은 특정부류에 한해 세월이 많이 흐른 다음의 이야기다. 또한 골프조차도 스포츠라기보다는 비즈니스의 연장선상에서 검은 거래도 오고가고 내기골프로 사회적 물의를 일으키기도 한다.

어떤 상황에서 무엇을 할 것인가는 전적으로 자신이 알아서 선택할 문제다. 나는 반드시 한두 가지 스포츠를 권한다. 그 이유를 세 가지로 정리할 수 있다.

프로의 세계에서 승부의 결정적 변수는 전문성이 아닌 건강이다. 30, 40대는 건강의 중요성을 별로 느끼지 못한다. 50대, 60대가 되면 운동장보다 병원 발길이 더 잦아진다. 평소 운동으로 건강을 관리해 온 사람들은 나이가 들수록 그 효과를 절감하게 된다. 그래서 운동은 미래를 위한 투자, 보험이라고 생각한다.

죽어가는 환자 1천 명을 인터뷰한 후 '인생의 마지막 순간을 아쉬워하는 일들'을 정리한 일본인 의사 오츠 슈이처 씨는 첫 번째 후회를 "자신의 몸을 소중히 하지 않았던 것"이라고 했다. 건강관리를 제대로 하지 않고 마구 굴린 데 대한 후회이리라. 스포츠의 일상화는 훗날 후회를 줄이는 일이 될 것이다.

둘째, 스포츠는 심성을 연마하는 훌륭한 실습장이다.

나는 테니스, 골프, 수영, 태권도, 탁구 등 가급적 많은 스포츠를 하고자 노력했다. 각 스포츠마다 재미와 흥분의 정도가 다르지만 공통점은 '아름답게 패배하는 법' '포기하지 않는 법' '자신의 감정을 다스리는 법' 등을 배우게 된다는 것이다.

골프는 개인 스포츠지만 점수를 계산할 때 자신에게 유리하게 잘못 계산하는 경우도 있다. 남에게는 정확하고 자신에게는 부정확할 정도로 유리하게 계산하고 싶은 유혹을 종종 느꼈다. 기억이 명확하지 않을 경우 하나 빼고 계산한 기억도 있어 되돌아보면 부끄럽기 짝이 없다.

테니스 경기에서도 라인에 맞았는지, 맞지 않았는지 서로 다투는 경우도 종종 있다. 때로는 매우 화가 날 경우도 있다. 이런 때 어떻게 자신을 컨트롤하는가는 인간관계에 있어 매우 중요하다.

한때 나는 승부욕에 집착해 상대를 불쾌하게 한 적도 여러 번 있었다. 나의 주장만 옳다고 강하게 밀어붙이는 과오를 범하는 것은 어리석은 일이다. 나는 스포츠를 통해서 터득하는 교육, 협동심, 타인에 대한 배려와 매너, 집념 등 성공의 주요 요소를 연마하는 데 큰 도움이 된다고 믿는다.

셋째, 스포츠 외교는 세계적으로 통하는 훌륭한 마술이다.

나는 기자시절 해외 취재(89년 아프간전쟁, 91년 걸프전쟁)를 나갈 때 반드시 태권도 도복을 챙겨 나갔다. 외국 기자들은 한국 기자들보다 현지에 몇 달 전부터 파견돼 있기 때문에 여러 가지 도움을 받기가 쉽다. 그런데 외국 기자들에게 도움을 받기 위해선 먼저 도움을 줘야 한다. 외국 기자들이 많은 호텔 같은 곳에서 태권도 도복을 입고 몸 풀기를 하고 발차기 연습을 몇 번 하면 소문이 쫙 퍼진다. '블랙벨트 태권도 김'으로 소문나면 이들은 매우 우호적인 친구가 된다. 이들에게 간단한 자기방어(self-defence) 기술을 가르쳐 주면 취재 협조에서부터 출입처 등록명단에 대신 이름 올려주기 등 온갖 일을 도와준다.

국내에서는 테니스를 친다. 신문사든 대학교든 어디나 테니스 동호회가 있기 때문에 이들과 친해지면 업무 진행이 매우 수월해진다.

교제폭도 넓히고 동료교수들의 도움까지 받을 수 있다면 테니스가 주는 이점은 무척 많아지는 셈이다.

나는 개인적으로 스포츠의 도움을 많이 받고 있다. 부족한 인성을 스포츠를 통해 연마하고 스포츠를 매개로 좋은 사람들과 인연을 맺는 것은 행운이다. 상대를 배려하고 상대의 의견을 존중하는 스포츠맨십 함양은 지도자의 필수자질이다.

겸손이 습관이 되도록 하라

● 배고픈 것은 참아도 배아픈 것은 못 참는다
● 힐러리가 오마바에게 진 진짜 이유

석가모니는 성공과 실패, 겸손의 상관관계를 이렇게 설득력 있게 주장했다.

"실패한 사람이 다시 일어나지 못하는 것은 그 마음이 교만한 까닭이다. 성공한 사람이 그 성공을 유지하지 못하는 것도 역시 교만한 까닭이다."

직장이나 사회에서 성공하고 싶다면 '겸손하라'는 말을 명심해야 한다. 묻지도 따지지도 말라고 말하고 싶을 정도로 절대적인 것이다. 나는 겸손하게 보이기는커녕 오히려 반대로 보여서 불이익과 오해를 받은 경우도 종종 있었다. 나의 많은 좌절과 실패의 이면에 이 법칙을 준수하지 못한 것이 크게 작용했다고 본다.

'교만은 성공을 망치는 독이다.' 교만하지 않더라도 그렇게 보일 소지가 있는 것조차도 조심해야 한다. 한국 사회에서 오만하게 보이거나 행동하는 것은 반드시 대가를 지불하게 된다. 겸손을 따로 성공법칙에 올린 것은 경험칙상 한국에서는 무척 중요하다고 생각했기 때문이다. 어느 정도 성공을 거둔 사람일수록 '겸손을 유지하는 것'은 매우 어려워 보였다. 크고 작은 성공을 거둔 사람들 중 겸손하지 못해 곤두박질친 경우는 흔하게 볼 수 있다.

'배고픈 것은 참아도 배아픈 것은 참지 못한다'는 말이 있다. 남의 성공을 박수쳐 주는 분위기라기보다는 배아파하는 사회풍토를 풍자한 말이다. '사촌이 땅을 사면 배가 아프다'는 말도 이와 유사한 뜻이다. 남 잘 되는 꼴을 못 보는 것은 이미 오래 전부터 우리 사회를 지배해 온 부정적인 풍속이다.

권위주의 사회에서는 높은 자리에 오를수록 상황과 조건이 그 사람을 돋보이게 하는 경향이 있다. 이들은 특별히 잘난 체한 것도 없지만 이미 시샘의 대상이 된 만큼 특별한 자기관리가 필요하다. 그래서 '억지로라도 겸손하게 보이는 것'은 매우 중요하다. 특히 최고경영자는 구성원들의 마음을 얻기 위해 '겸손'은 반드시 갖춰야 할 필수덕목이다.

내가 아는 이느 회사의 사장은 유명한 목사기 내려보낸 낙하산 사장이었다. 너무 어린 그가 '겸손'이라는 말을 생각해 보기도 전에 무리하고도 부당한 지시사항을 내려보내기 시작했다. 구성원들의 반발과 불만이 여기저기서 터져 나왔다. 결국 불명예스럽게 중도하차하는 비운을 맞았다.

어느 대학교의 총장은 취임 초부터 매우 역동적으로 일했다. 부지런한 그는 개혁을 내세우며 혼자 열심히 뛰었다. 그러나 '공(功)은 자신이, 과(過)는 참모가' 식으로 겸손은 어느 구석에도 찾아보기 힘들었다. 심지어 없는 말까지 허위로 만들어 한 참모를 곤경에 몰아붙였다. 참모들의 마음을 얻기는커녕 반발과 분노에 직면한 그가 중도에 물러나는 것은 시간문제였다. 일부 참모는 그에게 '겸손을 요구하는 비공식 간담회'를 가졌지만 잘못된 습관은 쉽게 고쳐지지 않았다.

나는 되돌아보면 '겸손해야겠다'는 생각보다 '정직하고 당당하게 살자'라는 의식이 강했던 것 같다. 이것이 때로는 상대에게 '건방진 인상'을 갖게 하기에 부족함이 없었다. 그런 이미지를 준다는 자체가 나의 실패를 의미한다. 그래서 억지로라도 겸손하게 보이도록 노력해야 한다는 점을 강조하는 것이다. 겸손이 성공하는 습관이라면 거만은 실패하는 습관이다.

서양에서도 겸손은 매우 중요한 덕목이다. 단순히 자리를 뺏기는 정도가 아니라 목숨까지 바쳐야 하는 경우도 있다. 프랑스 루이 14세 통치기간에 있었던 일이다. 당시 재무대신 니콜라스 푸케는 화려한 파티와 여자를 좋아하는 남자였다. 1661년 총리후보 1순위로 물망에 올랐던 쥘 마자랭이 죽었을 때 모두들 루이 14세의 촉망을 받던 영리한 푸케가 그 자리를 차지할 것으로 예상했다. 그러나 루이는 총리자리를 없애 버렸다. 이를 보고 푸케는 자신이 왕의 신임을 잃은 것으로 판단하고 사상 최대의 파티를 열어 루이왕의 환심을 사고자 했다. 당시 상황을 묘사한 내용을 인용하면 다음과 같다.

"파티는 일곱 코스로 이루어진 화려한 저녁식사로 시작되었다. 식사시간에는 푸케가 왕을 기리기 위해 특별히 작곡을 의뢰한 음악이 연주되었다. 식사 다음은 성의 정원을 산책하는 순서였다. 보르비콩트의 정원과 분수는 나중에 베르사유 궁전에 영향을 줄 정도로 훌륭한 것이었다. 불꽃놀이가 이어지고 모두들 입을 모아 생전 처음 보는 훌륭한 파티라고 말했다. 다음날 푸케는 왕의 경호실장 다르타냥에게 체포되었다."(출처 : 권력을 경영하는 48법칙)

푸케가 체포된 혐의는 국고횡령죄. 체포된 지 석 달 만에 유죄판결을 받고 피레네 산맥 깊숙한 외딴 감옥에서 20년 동안 감옥살이를 하다가 죽었다. 푸케의 파티는 루이의 환심을 산 것이 아니라 오히려 그의 허영심에 상처를 주었다. 프랑스 시인 볼테르는 이 사건을 두고 이렇게 간결하게 정리했다.

"저녁이 시작됐을 때 푸케는 세상의 꼭대기에 올라가 있었다. 그러나 아침이 되었을 때 그는 바닥에 떨어져 있었다."

인생에서 질난 체해서 얻을 것은 비난과 질시뿐이다. 그러나 매사 겸손하기가 쉽지 않다. 누구나 겸손의 중요성을 알면서도 실천이 잘

안 되는 데 대해 시인 T. S. 엘리엇은 "자기자신을 높이려는 욕망보다 더 없애기 힘든 것은 없다"고 말했다.

'힐러리가 오바마에게 진 진짜 이유는…' 이 제목의 기사가 눈길을 끌었다(문화일보, 2011년 1월 14일). 미국 역사상 최초로 아프리카계 아메리칸을 대통령으로 뽑은 2008년 미국 대선에 관한 책 가운데 공개되지 않은 내용을 담은 책(게임 체인지, 존 하일먼, 마크 핼퍼린 지음/컬처앤스토리)을 소개했다. 그 가운데 주요 내용을 따로 정리한 것을 보면 빌 클린턴 전 미국 대통령의 오만한 발언이 역효과를 가져왔다고 한다.

"몇 년 전이라면 오바마는 우리에게 커피나 내오고 있었을 겁니다."

이 말은 빌 클린턴이 2008년 미국 민주당 대통령 후보 경선 때 당내 영향력이 컸던 에드워드 케네디 의원에게 아내 힐러리를 지지해 달라고 당부하면서 덧붙인 말이다. 빌 클린턴은 케네디 의원에게 지지를 요구하는 전화를 계속 해대며 오바마를 얕잡아 보는 발언을 함으로써 케네디 의원을 화나게 했다. 이에 반해 오바마는 공개적으로 정중하게 케네디의 지지를 호소했다. 어느 전략이 더 효과적이었던가는 결과가 설명하고 있다.

겸손하기 위해서는 교육이 필요하다. 평소 행동습관을 만드는 것은 어린 시절, 학교 시절에 배우고 행하는 노력이 전제되어야 한다. 그러나 생존에 급급할수록 '겸손'의 미덕을 배우고 익히기가 쉽지 않다. 알고도 행하기 어렵거나 못하는 것이 바로 겸손이다.

겸손을 실천하는 방안으로 10가지 행동강령을 만들어 보았다. 늘 잘 되는 것은 아니지만 노력하고자 한다. 특히 인제대학교는 곳곳에 '웃으며 인사합시다' 라는 팻말을 붙여놓고 밝은 분위기를 만들기 위해 노력하고 있다. 나는 평범하지만 실천이 쉽지 않은 이런 말을 볼 때마다 흐트러지는 자세를 다잡곤 한다.

:: 겸손을 키우는 행동강령 10가지

1. 웃으며 인사하도록 노력한다.
2. 마주할 때면 무표정보다 미소를 만들도록 노력한다.
3. 상대의 도발이나 화나는 상황에서 절대 맞대응하지 않는다.
4. 비판 혹은 폄하보다 상대의 장점, 업적을 칭찬하도록 노력한다.
5. 타인에게 먼저 권한다.
6. 작은 도움을 받더라도 반드시 감사하다는 표현을 한다.
7. 학생을 포함해서 나이가 어려 보인다고 함부로 하대하지 않는다.
8. 윗사람이나 연장자에게는 반드시 머리와 허리를 굽혀 인사한다.
9. 자화자찬은 절대로 피하며 잘난 체하지 않는다.
10. 한 사람 한 사람 나와 똑같은 무게로 존중받아야 한다고 생각한다.

'NO 하는 기술'을 배워라

● 단호해야 할 때 단호하지 못하면 실패한다
● '노' 하기 위해 따져 보기 9가지

부산에 사는 성모 군의 아버지는 절친한 친구의 보증 부탁을 단호하게 거절했다. 얼마 후 그 친구분은 사업을 하다 파산했고, 그에게 보증을 서 준 사람들은 고스란히 피해를 감수해야 했다. 훗날 대학생이 된 성군은 이렇게 말했다.

"그때는 집까지 찾아온 절친한 친구의 부탁을 냉정하게 거절하는 아버지의 모습이 좀 의아했지만 지금 생각하면 그것이 우리 가족을 지키는 어려운 결정이었다는 것을 깨달았습니다."

어찌 보증뿐이겠는가. 다단계 판매, 폭탄주, 담배 권유, 술 한잔의 유혹, 음주운전 등 우리 주변에는 우리를 위험과 실패에 빠트리는 암초들이 곳곳에 도사리고 있다.

'단호해야 할 때 단호하지 못하면 실패한다.' '노'라고 말하기 위해서는 용기가 필요하다. 정이 많은 한국사람들은 남에게 '노'라고 말하는 데 익숙하지 않다. 특히 '친구따라 강남간다'는 말까지 있을 정도로 학창시절에는 친구와 함께 어디든 함께 다니는 것이 즐거움이다. 그러나 반드시 '노'라고 말해야 할 때가 있다.

만일 상황 판단이 제대로 되지 않아 '노'라고 말하지 못했을 때 그 책임은 친구와 함께 지는 것이 아니라 본인이 고스란히 져야 할지도 모른다. 대학생 가운데는 선배가 주는 술을 거부하지 못해 마셨다가 성폭행을 당하고도 말을 못하는 경우가 드물지 않게 있다.

한 대학교 실험실에서 있었던 일이다. 내성적인 성격의 조모 군은 후배를 함부로 다루는 김모 군에 대해 반감이 컸다. 석사과정을 함께 하던 둘은 접하는 일이 많아졌고, 후배 조군은 술자리에서 선배 김군의 말투와 행동이 영 마음에 들지 않았다. 그러나 작은 다툼을 잘 참아오던 조군의 분노는 마침내 폭발해 버렸다.

억지로 술자리에 끌어들인 것도 마음에 내키지 않았는데, 후배들과 함께 한 자리에서조차 '빈정거리고 무시하는 말투'에 끝내 일을 저질렀다. 이미 술을 몇 잔 마신 조군은 자리에서 일어나 부엌칼을 들고 와 욕설과 함께 김군의 가슴을 찔렀다. 단 한 차례 칼부림이었지만 선배는 그 자리에서 숨졌다.

시골에서 희망을 걸고 유학을 보낸 자식이 어느 날 '살인자' 신세가 돼 경찰의 호출을 받은 부모는 하염없이 눈물만 흘리고 있었다.

학교도, 교수도 도와줄 수 있는 일은 없었다. 단 한 번의 실수로 자신의 미래를, 인생을 포기해야 한다는 것은 너무 가혹한 일이다. 술자리에서는 무슨 일이든 가능하다. 특히 혈기넘치는 젊은 시절에는.

감정 처리를 제대로 할 줄 몰랐던 자신의 아둔함을 탓해야 할까. 술기운에 욱하는 성질 때문에 저지른 실수 탓을 해야 할까. 어느 경우든 자신이 통제하지 못할 상황에 빠진다는 것은 위기를 부른다. 그 선배와의 대면을 경계해야 했거나 특히 술자리는 피했어야 옳았다.

'혹시나' '설마' 하고 등록금을 담보로 아르바이트에 뛰어들었다가 쪽박까지 찬 경우도 많다. 사기꾼은 언제 어느 장소에나 있는 법. 사기꾼을 탓해서는 해결점이 없다. 자신의 탐욕이나 단호하게 '노' 하지 못한 우유부단함 때문은 아닌지 살펴봐야 한다.

이 세상은 모두 아름다운 심성을 가진 사람만 사는 것은 아니라는 점을 누구나 안다. 또한 누군가가 애원을 하거나 간절히 도움을 요청할 때 '돕는다'는 것은 미덕이다. 이런 미덕을 중시하는 풍조는 한국의 훌륭한 전통이고 존중되어야 한다. 그러나 한 인간이 미래를 향해 도전하는 길목에 예상치 못한 암초는 언제든지 나타난다. 자신을 위험한 상황에 빠트리지 않는 것은 매우 중요하다고 생각한다. 모든 것에 명과 암, 혹은 장단점이 있지만 어느 수준까지 도달하기 위해서는 '노'라고 말하는 용기가 필요하다.

친구 중에 한때 아주 잘나가던 사업가가 있었다. 그의 주변에는 친구들로 넘쳐났다. 그는 돈도 많았고 시간도 많았고 친구도 많았다. 언젠가부터 그가 술과 도박에 빠졌다는 소식이 들려왔다. 친구들의 술자리 제의에 '노'라고 말하지 못한 그는 어느 날 음주운전을 하다 사고를 냈다. 처음에는 수백만 원을 물어주는 선에서 합의했다고 한다.

그러나 그것은 시작에 불과했다. 그의 늘어난 도박 횟수와 함께 술버릇은 중독에 가까워 스스로 통제할 수 없게 되었다. 크고 작은 교통사고가 몇 번 있었지만 이때도 '심각한 경고'로 받아들이지 않았다. 끝내 그는 불구가 되는 끔찍한 사고를 당했다. 오랜 세월이 흐른 뒤에 만난 그는 제대로 걷지도 못해 나를 놀라게 했다. 그는 뒤늦게서야 단호하게 '노'하지 못했던 자신의 우유부단함을 탓했다. 나는 목숨을 부지한 것이 다행이라고 위로했다.

'노'라고 말해야 할 때는 단호하게 '노'라고 말하라.

나는 주변에 '노'라고 말하지 못해 낭패를 당한 경우를 많이 보았다. 특히 가까운 사람들이 어려운 부탁을 할 때 '노'라고 말하기가 매우 어렵다. 나도 수차례 실패를 하고 난 뒤 노하우가 생겼다. 다행히 다시 회복 가능한 시점에 치명타를 맞지 않은 것이 불행 중 다행이라고 생각한다. 나는 그런 어려운 상황에서 몇 가지 기준을 세워 '노'와 '예스'를 택한다. 늘 성공하는 것은 아니지만 참고가 되었으면 좋겠다.

:: '노'하기 위해 따져보기 9가지

1. 이 달콤한 제의가 말 그대로 나를 위한 것인지 궁극적으로 상대방
   을 위한 것인지 분명하게 따져본다.
2. 나에게 예상을 초월하는 큰 혜택이나 이익을 약속하면 그 이유와
   타당성을 따져본다.
3. 어떤 경우든 내가 그 상황을 컨트롤 할 수 있는지, 타인의 통제에
   따라야 하는지 따져본다.
4. 최악의 경우가 오더라도 회복 가능한지, 혹 가정이나 직업을 잃을
   수도 있는지 등을 따져본다.
5. 순간의 난처함을 피하기 위해, 혹은 '고맙다'는 말을 듣기 위해
   장기간의 고통을 감내할 만한 가치가 있는지 따져본다.
6. '노'로 인해 얻는 것보다 잃어버리거나 낭비할 요소가 더 많은지
   따져본다.
7. 단발성으로 끝날 일인지, 반복적으로 괴롭히거나 귀찮게 굴 일인
   지 따져본다.
8. 나의 가치와 명예, 조직의 원칙에 부합하는지도 따져본다.
9. 상황이 복잡할 경우, 믿을 만한 사람 혹은 전문가와 함께 따져본다.

조직의 이익에 기여하라

● 이익은 사람을 움직이는 지렛대다
● 생각이 태도를 바꾸게 한다

'사장이 나를 기억하도록 만들어라.'

사장과 직원의 입장은 매우 대조적이다. 비록 한 배를 타고 있는 입장이지만 사장은 하루라도 더 일을 시키려 하고 직원은 한 시간이라도 더 휴식을 취하려 한다. 사장은 직원의 생사여탈권을 쥐고 있지만 가장 많은 고민과 가장 많은 노력을 기울이는 사람임에는 틀림 없다.

사장의 생각은 그 조직을 성공적으로 경영하는 데 모든 초점이 맞춰져 있다. 일반 직원들보다 더 많은 재정문제, 인사문제, 업무시간 문제 등에 대해 고민히면서 직원을 관리한다.

직원의 입장은 개인의 생활을 즐기면서 직장일도 적당히 하려고 한다. 이것이 문제가 되는 것은 아니다. 누구나 직장과 가정에서 행복을 추구할 권리가 있기 때문이다.

문제는 승진과 소위 출세의 기회를 어떻게 자신에게 유리하게 만들 것인가. 직장인 최고의 보람이라면 승진에서 남들보다 뒤처지지 않고 유능한 조직원으로 인정받는 것이다. 가끔 능력보다 이상한 다른 요인으로 공과나 승진이 엇갈리는 경우도 있으니 일반화시켜 이야기하는 것은 무리가 있다. 그러나 여기서는 보편적인 현상을 말하고자 한다.

직장에서 성공시대를 구사하려는 사람에게 두 가지만은 꼭 강조하고 싶다.

첫째, 직장 선택이 가장 중요하다.

내가 보람과 행복감, 자존감을 느낄 수 있는 그런 직장인가. 아니면 할 수 없이 밥벌이 때문에 몸을 의지하고 있는 것뿐인가. 후자의 경우, 그 직장에 애정과 애사심을 갖기 힘들다. 되도록 빨리 그 직장을 떠나는 것이 본인에게는 물론 그 조직에도 도움이 된다. 내가 생각한 직장과 실제 근무하면서 보는 직장의 생존방식과 업무내용은 다를 수 있다.

여기서 유의할 것은 선택한 직장이 내가 기대한 만큼의 높은 임금을 주고 여가시간도 많고 사회에서 알아주는 회사가 아니라면…. 사실 이런 회사가 어디 있겠는가. 요즘은 급여를 가장 중시하는 경향이 있다. 모든 것을 갖춘 회사는 없지만 비교 때문에 행복하지 못한 직장인들을 자주 보았다. 개인의 가치관에 따라 다른 만큼 알아서 판단해야 한다.

나와 함께 근무하고 있지만 내가 만족하는 것이 이상하리만큼 불만이 많은 동료들도 있다. 물론 그들 나름대로 이유가 있다. 서울, 수도권에 있는 대학으로 옮겨가려 했지만 뜻을 이루지 못했거나, 현재 생활에 만족하지 못해 학교에 모습을 거의 드러내지 않고 최소한의 기본생활만 하고 있는 것 같다. 개인 발전은 물론 조직 발전에도 도움이 되지 않는 건 불문가지다.

그래서 직장 선택이 가장 중요하다. 특히 그 직장의 목표와 존재이유, 사장의 경영철학 등은 조직원들에게 직접적인 영향을 미치므로 꼼꼼히 따져보고 결정해야 한다.

둘째, 조직의 이익을 위해 노력해야 한다.

당연한 소리지만 사장만큼 일하기가 쉽지 않다. 직장인이 자기 할일이나 제대로 하면 된다고 주장하는 말에 나는 동의하지 않는다. 물론 '자기 일이나 제대로 하기'조차 쉽지 않다. 그러나 직장인 성공시대를 구사한 사람들을 보면 '직책에 연연하기보다 일에 몰두했다'는 점을 알 수 있다.

제대로 된 경영자들은 인재를 발굴하기 위해 모든 촉각을 곤두세운다. 남들과 비슷한 노력을 하고 특별한 대접을 받고자 한다면 어리석은 일이다. 세상 사람들은 내가 생각하는 것보다 더 똑똑하며 직장 상사는 더욱 그렇다. 중세 프랑스 철학자 장 드라 브뤼예르는 직장인들을 위해 이런 유명한 말을 남겼다.

"출세를 하는 가장 빠르고 좋은 방법은 사람들에게 당신을 출세시키는 것이 그들의 이익이 된다는 것을 분명히 보여 주는 것이다."

이익은 사람을 움직이는 지렛대라고 한다. 조직의 이익을 가져오는 사람에게 무심한 사장이 있다면 그 직장은 빨리 떠나는 것이 좋다. 사장이 먼저 기뻐하고 먼저 승진을 준비하고 있을 것이다. 조직에 이익을 가져올 수 있는 방안, 아이디어가 무엇인지 고민하고 실행하는 사람을 위해 사장은 존재하는 것이다.

2010년 3월 말 인제대학교 이영식 교수(역사고고학과)는 일본이 조선의 지배를 정당화하는 '임나일본부설' 주장이 허구임을 주장해 매스컴의 주목을 받았다. 그의 이런 주장은 소신이었고 학문적 성찰의 결과였지만, 국내외에서는 외로운 목소리였다. 그런데 한일역사공동연구회에서 마침내 그의 주장이 타당하다고 해 국내 매스컴의 각광을 받은 것이다. 그의 노력과 공은 인제대학교의 명예와 위상을 드높였다. 학교에 이런 학자가 많아지면 그 조직은 반드시 발전한다.

자신의 노력이 조직의 발전으로 연결된다면 이것 또한 보람이다. 이를 챙겨주는 최고경영자가 있다면 그 조직은 건강하고 미래가 있다고 믿어도 된다.

:: 조직에 기여하는 구성원의 업무태도

1. 무슨 일이건 자신의 일이라고 생각한다.
2. 즐겁게 일하며 동료들에게도 활력이나 도움을 주려고 한다.
3. 부당한 일이나 불편사항에 대해 문제제기를 하고 해결책을 찾는다.
4. 급여의 액수에 연연하지 않는다.
5. 타부서 직원과도 잘 어울리며 자주 식사자리를 갖는다.
7. 조직에 감사하는 마음을 갖는다.

과거에 소극적으로 내 일만 잘하면 된다고 생각할 때와 조직의 발전을 구하는 적극적인 자세로 바뀌면서 가장 큰 변화는 일에 대한 나의 태도였다. 조직의 발전을 생각하니 일이 보이기 시작했고 방법도 다양하게 나타났다. 생각이 태도를 바꾸게 된 것이다.

'내 일만 잘하면 된다' 는 소극적 자세에서 '내가 속한 조직의 이익을 생각하는 '적극적 자세' 로 바뀌니 업무가 눈에 보이기 시작했다.

조직의 장을 존경할 때, 조직에 감사를 느낄 때 조직을 위해 기여하겠다는 자발적인 자세가 생겨나는 법이다. 누구나 조직에 대해 회의에 빠지거나 실망할 때 조직을 위해 봉사, 기여하도록 권하기가 쉽지 않다. 조직을 위해서 일하는 전제조건으로 나는 몇 가지가 충족되이야 한다고 생각한다. 그 조건은 조직의 장에 대한 존경심, 조직에 대한 애정과 자부심, 동료에 대한 믿음 등이 주요한 요소라고 본다.

완수하자
(Follow Through)

일의 완수는 당신이 업무를 잘 끝냈다는 것을 보여 준다.
완수 후에 감사하다고 말하고, 새로운 아이디어를 제안하자.
더 일이 없는지 물어보자. 당신이 무엇을 할 것인지에 대해서 말하고, 바로 그것을 해낸다면 당신은 주위의 존중을 받게 될 것이다.
일의 완수는 당신이 약속을 지키고, 식견이 있는 사람이라는 것을 보여 줄 것이다.
또한 당신이 일할 준비가 되어 있고, 다른 사람의 말을 언제든지 들을 것이란 사실을 보여 줄 것이다.
당신이 만일 실수를 하더라도 그 일을 완수하는 것은 당신에게 잘못을 고치고, 그것에서 배울 수 있는 기회를 제공할 것이다. 손으로 작성한 노트나 전화를 통해서 당신의 추가업무를 개인화하자.
작은 선물, 입장권, 점심식사 같은 것이 적절한 보상이 될 수 있다.
점검하고, 보답을 받자. 일의 완수는 당신의 효과성을 극대화시켜 줄 것이다.

Follow through to make sure that you've done the job right. Follow through to say thank you and offer new ideas. Follow through to ask for more business. You earn respect by saying what you're prepared to do and then doing exactly that.

Follow through shows that you are a person of your word and someone who cares. It shows that you are accessible and that you want to keep the lines of communication open. You may make mistakes and follow through gives you the opportunity to correct and to learn from those mistakes. Personalize your follow-up with handwritten notes and phone calls. Small gifts, tickets and lunches may also be appropriate follow-up incentives. Check up on yourself and reap the rewards. Follow through amplifies your effectiveness.

출처 : www.success.org

상대가 누구든 무시하지 말라

● 정면 승부를 벌인 정오의 결투
● 칭기즈칸의 분노로 불바다가 된 사마르칸트

인간관계에서 상대를 늘 존중하기란 쉽지 않다. 때로는 상대를 무시하기도 하고 심지어 노여움을 여과없이 드러내기도 한다. 순간의 패착이 큰 성공을 망치는 경우를 많이 보았다.

사회생활을 하면서 누구나 잘 알고 있지만 모두 어려워하는 것이 있다. 그것은 바로 자신의 노여움에 대한 통제력이다. '노여움, 화를 다스릴 수 있다면 대단한 내공의 소유자로 성공 보증수표'라고 단언해도 좋다.

나는 한때 건방진 기자생활을 한 적이 있다. 특별하게 건방을 편 것은 아니지만 특종을 찾아헤매는 기자의 성급한 태도에 취재원들은 예의를 갖추지 않는다고 판단하기도 했다. 한번은 모 신문사 체육부에 있으면서 사회면 톱기사를 작성한 적이 있다. 의욕에 넘친 나는 후속 취재를 위해 출입처에 나갔다가 취재원과 정면 승부를 벌인 적이 있다. 이름하여 '정오의 결투' 사건이다.

때는 점심식사를 막 마친 오후, 서울 체육진흥공단 한 사무실에서 사건이 터졌다. 나의 취재로 곤혹을 치르고 있던 취재원은 사무실에 들어선 나를 향해 다짜고짜 "내가 네 선배야" 하고 반말을 던졌다. 나의 대응 역시 거칠게 나갔다.

그러자 그는 곁에 선 나의 손을 내리치면서 "똑 바로 서" 하고 소리쳤다. 신체 접촉이 이어지자 나도 즉각적으로 응수에 나섰다. 나의 왼손이 그의 턱을 가격했고 나동그라진 그는 벌떡 일어나며 반격 자세를 취했다. 유도 5단인 취재원과 태권도 사범 출신인 나는 한낮에 사무실에서 정면으로 부딪힌 것이다.

놀라서 달려온 국장이 말리는 바람에 결투는 그 정도에서 끝났지만 후유증은 컸다. 그는 나를 폭행혐의로 경찰에 고소했다. 고소상태에서는 해외에 나갈 수가 없었다. 나의 행동에 대해 사과했지만 이 사건은 오래도록 나를 괴롭혔다.

인생에서 한때의 노여움으로 잃어버리는 것이 얼마나 많은가. 특히 인간관계에서 노여움은 관계를 망치는 돌이킬 수 없는 과오를 가져오기도 한다. 노여움은 주로 상대에 대한 존중이 없거나 상대를 얕볼 때 나타난다. 상대에 대한 존중과 배려가 있다면 이런 화에서 오는 경솔함과 실수는 줄일 수 있지만, 문제는 그게 쉽지 않다는 것이다.

13세기 초 무하마드는 수많은 전쟁 끝에 서쪽으로는 터키, 남쪽으로는 아프가니스탄에 이르는 광대한 제국을 건설했다. 제국의 중심은 사마르칸트로 무하마드는 막강한 권력자로 군림했다.

칭기즈칸은 무하마드에게 사절을 보냈다. 유럽으로 통하는 비단길을 다시 열어 무하마드와 함께 사용하려고 했다. 그러나 무하마드는 몽골의 칭기즈칸에 대해 잘 몰랐고 이런 제의를 간단히 무시했다. 그러자 칭기즈칸은 다시 100마리의 낙타에 온갖 보물을 실어 보내며 '실크로드 공동운영' 재고를 요청했다. 그러나 사마르칸트 접경지대의 총독인 이날치크가 칭기즈칸의 보물을 가로채고 사절단을 처형해 버렸다.

칭기즈칸은 분노했지만 이것은 이날치크의 독단적 소행으로 판단하고 이번에는 무하마드에게 사절단을 보내면서 이날치크를 처벌해 달라고 요구했다. 이번에는 무하마드가 사절단 가운데 한 사람의 목을 자르고 다른 둘은 머리를 빡빡 밀어서 돌려보냈다. 몽골인들에게이것은 엄청난 모욕이었다. 불같이 화를 낸 칭기즈칸은 무하마드를 향해 "당신은 전쟁을 선택했다. 그 결과는 우리도 모른다"라며 이듬해 총공격 명령을 내렸다. 사로잡힌 이날치크 총독에게는 눈과 귀에 펄펄 끓인 은을 부어 죽이라는 명령을 내렸다.

그 후 1년여 동안 사마르칸트는 불바다가 됐고 무고한 시민들까지 떼죽음을 당했다. 무하마드조차 도망다니다 이름없는 길거리에서 객사당하는 불운을 맞았다. 한때의 오만함이 제국을 잃고 형제를 불구덩이에 몰아넣을지 어떻게 상상이나 했을까. 상대를 모른다는 이유로 무시했다 당한 결과치고는 너무 처절했다.

　작은 권력에 쉽게 취해 버리는 인간들은 타인에 대한 존중과 배려보다는 무시하기가 훨씬 쉽다. 과거나 지금이나 이런 인간의 위험한 행태는 자신을 위험에 빠트리고 가정과 나라를 혼란의 소용돌이로 몰아가지만 이를 보지 못한다. 중세 철학자 체스터필드 경은 무지한 인간의 오만함에 대해 이런 경고를 남겼다.

　"고려할 만한 가치가 없는 하찮은 사람은 없다. 누구든 언젠가는 당신에게 도움이 될 수 있다. 그러나 당신이 한 번이라도 경멸하면 도움을 얻을 수 없다. 잘못한 일은 용서받지만, 경멸은 절대 용서받지 못한다."

　멀리 역사의 사실을 들먹이지 않더라도 주변에서 이런 일은 종종 발생한다. 방송문화진흥원의 김우룡 전 이사장은 한 월간지와의 인터뷰에서 MBC 사장 선임과정을 자세히 설명하며 비화를 공개했다. 인터뷰 내용도 충격이었지만 그 말투와 어법은 권력자의 오만과 상대에 대한 경멸이 넘쳐났다.

　자신이 주장하던 방송의 권력독립이 얼마나 허구이며 공영방송의 사장 선임방식이 밀실에서 어떻게 이루어지는지를 이보다 자세하게 설명할 수는 없었다. 결국 자신이 불명예스럽게 퇴진하는 결과를 빚었고 MBC를 혼란에 빠트리는 결과를 가져왔다. 한 치 앞을 보지 못하는 인간의 어리석음은 누구나 마찬가지다. 그래서 상대에 대한 존중과 배려는 항상 강조돼야 한다.

　섣불리 상대를 무시해서는 안 된다. 함부로 화를 내서도 안 된다는 것을 알지만 이를 효율적으로 다스리는 노력은 경시되고 있다. 화는 초기진화가 관건이다. 초기에 스스로 다스릴 수 없다면 화가 내 전부를 몽땅 가져가 버릴 수도 있다.

칭찬의 명수가 되라

● 칭찬은 누구에게나 필요한 보약이다
● 어떤 칭찬도 멋진 비난보다 낫다

'칭찬도 습관이다.' 칭찬을 잘하는 사람은 만나는 이들을 신나게 만들어 준다. 성공한 사람들의 공통점은 '입이 곱다'는 것이다. 이들은 타인에 대해 비판보다 칭찬을 더 잘하는 편이다. 격려와 미소, 여유는 승리자가 누릴 수 있는 특권이다.

칭찬이 반드시 대단한 업적을 냈을 때만 사용하는 매우 제한적이고 귀한 것이어서는 곤란하다. 누구나 칭찬이 필요하다는 데 동의하며, 모두 칭찬을 받고 싶어한다. 그러나 실제로 칭찬을 실천하는 데는 익숙하지 않다. 그래서 칭찬도 습관처럼 입과 몸에 배도록 틈만 니면 노력해야 한다.

칭찬을 하게 되면 먼저 자신의 표정이 밝아지고 입이 부드러워진다. 그래서 자신을 위해 먼저 칭찬하라고 권한다. 칭찬은 분위기를 밝게 하고 나에게 긍정의 활력이 흐르게 돕는다.

그리고 칭찬도 제대로 해야 효과가 있다. 어떤 칭찬도 멋진 비난보다 낫겠지만 이왕이면 칭찬이 빛을 발휘하도록 해야 한다. 예를 들면 여성을 칭찬하는 경우 추상적으로 하지 말고 구체적으로 하라고 조언한다.

미소와 얼굴 표정, 소지품이나 옷차림새, 말투와 목소리 등은 미녀와 추녀를 가리지 않고 적용되는 칭찬 품목이다. 또한 세련미와 아름다움, 재치와 유머감각, 마음씨와 품위, 우아함은 언제 어느 장소에서든 통하는 공통 재료들이다.

남성도 마찬가지다. 그의 업적, 용기, 판단력, 리더십 등에 대해 구체적으로 말을 해야 상대로부터 호감을 받을 수 있다. 특히 비즈니스의 세계에서 상대로부터 높은 평가를 받으면 파트너로 존중받는 결과를 가져올 수 있다. 칭찬은 상대의 마음을 열고 입을 열게 하지만 반대로 잦은 비난과 무례함은 관계를 단절시킨다.

나는 기자생활을 할 때 두 명의 부장을 순차적으로 모신 적이 있다. 한 사람은 유머와 칭찬을 적절히 사용하며 기자들을 통솔하는 솜씨를 발휘했다. 다른 한 사람은 유머는 있지만 저급했고 어쩌다 등 뒤에서 후배를 비난하는 소리가 들려왔다. 문제의 부장은 기자들의 신뢰도 인기도 얻지 못했으며, 결국 단명 부장으로 물러났다.

후배를 칭찬하는 것도 용기와 실력이 필요하다. 자기 콤플렉스가 있는 사람은 칭찬도 서툰 편이다. 모두를 경쟁대상으로 삼는 사람은 칭찬보다 비판이 더욱 가깝다. 나처럼 '미디어 비평' 등 비평작업을 주로 하는 사람들이 경계해야 하는 것이 바로 비평·비판의 도그마에 빠지지 않는 것이다.

나는 스스로 노력한다고 하지만 쉽지 않을 때도 있어 두렵기도 하다. 그래서 더욱 칭찬하고 격려하는 데 인색해지지 않기 위해 고민한다. 이론적으로 알고 있으면서 이를 실천하지 않으면 아무 소용이 없기 때문이다.

그래서 칭찬에 대해 네 가지 원칙을 세워놓고 있다.

첫째, 내 생활 가까이에서 벌어지는 현상, 만나는 사람에 대해 먼저 칭찬하는 습관을 갖자.

둘째, 틈만 나면 대상과 장소를 가리지 말고 무조건 칭찬하자.

셋째, 나도 칭찬을 받기 위해 아이디어를 내고 노력하자. 설령 칭찬하지 않는다고 해도 실망하지 말자.

넷째, 어디서든 비판보다 칭찬을 더 많이 하자.

이렇게 원칙을 세워놓았지만 매번 실천하기가 쉽지 않다. 과거 방송사 시청자위원회에서 제작진들을 향해 시청자 입장에서 칭찬보다 '비판'을 많이 내세워 사장이 곤혹스러워했다는 후문을 들었다. 옳은 말이라 하더라도 상대 입장을 좀 더 배려했어야 했는데 그렇지 못했던 것 같다. 뒤늦게나마 깨닫고 일은 정확하게 하되 먼저 칭찬을 한 다음 비판을 하는 방식으로 바꾸기로 했다.

나같이 아둔한 사람을 위해 위대한 철학자 쇼펜하우어는 이런 가르침을 남겼다.

"정중하게 행동하는 것이 지혜롭다. 따라서 무례하게 행동하는 것은 어리석은 일이다. 불필요하게 무례하게 굴어서 적을 만드는 것은 자기 집에 불을 지르는 것처럼 미친 짓이다. 예의는 위조지폐와 같아서 그것을 가지고 인색하게 구는 것은 어리석은 일이다. 분별력 있는 사람은 그것을 넉넉하게 베풀 것이다…."

칭찬까지는 못하더라도 웃는 얼굴, 밝은 모습을 보여 주기 위해 노력하는 것이 좋다. 성공과 실패 여부는 때로 사소한 변수에서 결정되기도 한다는 점을 기억하자.

스승의 날에 한 학생이 교정을 지나가는 나에게 꽃 한송이를 건넸다. 별로 주목받지 못하던 여학생이었다.

"운좋게 지나가다 꽃 선물도 받게 되네. 고맙다" 했더니, 이 학생은 이렇게 답했다.

"아니에요, 교수님 드리려고 일부러 기다리고 있었어요."

일부러 선물을 주기 위해 내가 지나가는 길목에서 기다리고 있었다니. 나는 큰 감동을 받았고 그 학생의 이름을 기억하고 수강 과목과 성적을 확인해 보았다. 내 과목을 찾아다니며 수강한 열성적인 학생이었다. 졸업과 동시에 취업에 성공한 학생으로 언제 만나도 반갑고 고마운 학생으로 기억하고 있다. 이처럼 학생이 교수의 칭찬을 필요로 하듯 교수도 학생의 따뜻한 말이 필요하다. 칭찬은 누구에게나 필요한 보약인 셈이다.

:: 칭찬의 효능 9가지

1. 마음의 벽을 쉽게 허물 수 있다.

2. 첫 대면이라도 우호적인 분위기를 형성할 수 있다.

3. 칭찬하는 쪽이 주도권, 유리한 패를 쥐게 될 가능성이 높다.

4. 호감을 갖게 한다.

5. 칭찬하는 사람이나 듣는 사람 모두 기쁜 감정을 만들어 준다.

6. 실적을 향상시킨다.

7. 활동력을 증진시킨다.

8. 가정생활, 직장생활을 행복하게 한다.

9. 대인관계를 향상시킨다.

구체적 희망을 틈만 나면 소리쳐라

● 희망은 새로운 기회를 준다
● 절망은 죽음에 이르는 병이다

'내가 희망을 꿈꾸는 한 기회는 있다.' 모두가 포기해도 자신만은 꿈을 지녀야 할 이유가 여기에 있다. 어떤 절망적인 상황이 온다고 해도 그것이 인생을 포기해야 할 마지막이라고 단정하지 말자.

몇 년 전 실제로 내 주변에서 일어난 일이다. 한 여대생이 '보이스 피싱'에 속아 600만 원을 고스란히 날려 버렸다. 부모님이 농사지어 어렵게 보내 준 돈이라고 했다. 등록금으로 보관하고 있던 돈을 한순간에 사기당했다는 생각에 그 학생은 심하게 자책하고 절망했으며, 사건 발생 이틀 만에 아파트에서 뛰어내려 생을 마감하는 끔찍한 일을 저질렀다.

요즘 40대 이상의 주요 사망 원인은 암이라고 한다. 그런데 한국 의사협회 자료에 따르면 10대, 20대, 30대의 가장 큰 사망 원인은 바로 자살이다. 20%를 넘나드는 세계 최고의 자살률로 한국은 '자살국가'의 불명예를 안게 됐다. 젊은 사람들의 절망과 자살은 하나의 심각한 사회적 병리현상이 되고 말았다. 압축성장에 따른 사회적 부작용 정도로 넘어갈 사안이 아니다. 국가적 차원에서 대책을 마련해야 한다. 그것과는 별개로 각자 노력하는 자세가 절실하다.

600만 원이 어린 학생에게 큰 돈임에는 틀림없으나 인생을 걸 정도는 아니었다. 하지만 그 학생은 부모님이 어렵게 보내 준 돈을 한순간에 사기당한 자신의 어리석음과 무지를 받아들이기가 어려웠을 것이다. 유서를 남기고 자살을 택했으니 안타깝고 허망한 죽음이었다. 스스로 비관하여 절망적 상황에서 자신에게 가하는 극단적 가학 행위를 이해하지 못하는 것은 아니지만 결코 동의할 수는 없다. 희망의 끈을 잡고 시련과 역경을 이겨 낸 사례를 살펴보자.

한 소년은 유복한 가정에서 태어났으나 생후 5개월 만에 어머니가 세상을 떠났다. 아버지는 유학을 다녀온 후 재혼을 했고 소년은 할머니 할아버지 품에서 자랐다. 청소년기에는 큰아버지댁에 가서 눈칫밥을 먹으며 성장했다. 남의 집 더부살이에서 오는 외로움과 고달픔을 책으로 달랬다. 다행히 큰아버지의 자상한 배려와 사랑으로 그 청년은 의과대학에 진학했고 마침내 의사가 됐다.

6·25전쟁과 함께 큰아버지는 납북됐고 그가 세운 병원이 수차례

파산 등 위기를 맞을 때마다 그 청년 의사는 '병원을 살려내야 한다'며 놀라운 의지력을 발휘했다. 청소년기에 사랑을 베풀어 준 큰아버지이자 스승에 대한 믿음과 기대가 버팀목이 됐다. 어떤 절망적 상황에서도 그는 오직 큰아버지의 공익정신과 함께 희망의 끈을 놓지 않았고, 마침내 백병원 5개를 거느린 성공한 병원경영인이 됐다. 이 이야기의 주인공은 바로 백병원과 인제대학교 이사장, 인당 백낙환 박사다. 그는 희망에 대해 이렇게 말하곤 한다.

"영국의 처칠 수상이 옥스퍼드대학 졸업식장에서 졸업생들에게 '포기하지 말라'고 세 번이나 강조했다고 들었어요. 어려움에 처하더라도 포기하지 않는 정신이 중요해요. 이 세상은 성실하게 노력하는 자에게 무심하지 않습니다. 나도 여기까지 오는데 여러 사람의 도움을 받았습니다. 그 고마움을 잊지 않고 사회에서 받은 것 이상으로 환원하기 위해 노력하고 있습니다. 세상은 그래도 따뜻한 정이 있는 사람들이 더 많은 것 같습니다."

희망과 절망 사이는 그렇게 먼 것이 아니다. 내 스스로 '희망이 없다'고 포기하면 그것으로 끝이다. 남들이 모두 절망적 상황이라고 포기해도 '내가 희망이 있다'고 믿으면 그 희망은 새로운 기회를 주는 법이다.

600만 원 때문에 자살을 선택한 그 학생이 생각을 고쳐먹고 좌절을 실패의 거울로 삼았더라면 그가 어떤 인생을 만들어 낼 수 있었는지는 아무도 모른다. 만일 백낙환 박사가 젊은 시절 절망의 늪에서 자포자기했더라면 단언컨대 오늘의 백병원은 없다.

철학자 키르케고르는 "절망이야말로 죽음에 이르는 병이다"라는 유명한 말을 남겼다. 이를 거꾸로 말하면 '희망이야말로 성공에 이르는 원동력이다' 라고 표현할 수 있다. 〈뿌리깊은 희망〉의 저자 차동엽 가톨릭대 교수는 '희망 다이내믹' 이라는 말을 만들어 다음과 같은 말을 전파했다.

"희망은 쓰러지지 않는다. 희망은 절망을 몰아내고 목표에 집중한다. 희망은 바라보는 대로 된다. 희망은 말하는 대로 이루어진다."

나는 차 교수의 말에 적극 동의한다. 희망과 꿈이 있는 사람은 표정도, 걸음걸이도 다른 법이다. 어려운 상황을 극복하는 힘이 희망인데 이들은 극복할 무기를 단련하여 상황에 대처한다. 세계적인 대부호가 된 빌 게이츠에게 한 기자가 질문을 했다. "부자가 된 비밀이 무엇이냐"고. 그는 이렇게 답변했다.

"나는 매일 스스로에게 두 가지 말을 반복합니다. 그 하나는 왠지 오늘은 나에게 큰 행운이 생길 것 같다고, 다른 하나는 나는 무엇이든 할 수 있다는 것입니다."

빌 게이츠는 자신에게 항상 희망의 메시지를 반복해서 세뇌시켰다. 희망을 마음속 깊은 곳에 두지 않고 말로 행동으로 반복했다. 버락 오바마 미국 대통령이 '변화' 와 '나는 할 수 있다' 는 희망의 구호로 미국 최초의 흑인 대통령이 됐다.

좌절, 실패는 도전하는 자기 맞닥뜨려야 할 불가피한 과정이자 치러야 할 대가일 수 있다. 포기와 절망은 늘 함께 한다. 이를 멀리 물리칠 수 있는 강력한 대체제가 바로 희망이다. 내가 희망을 노래할 때 주변에서도 함께 도움의 손길을 내밀 수 있다. 어떤 상황에서도 내가 먼저 절망에 빠져서는 안 된다. 다시 한 번 앞을 보고 희망을 불러보자.

'사면초가(四面楚歌)'에 대한 나의 생각

중국을 최초로 통일한 진나라가 의외로 쉽게 무너지자 한나라 유방과 초나라 항우는 패권다툼을 하게 된다. 어느 해 항우는 유방의 군대를 피해 하이어 강까지 달아났으나 유방의 군대에 포위당했다. 그런데 밤만 되면 사방에서 초나라의 구슬픈 노래소리가 들려왔다. "고향에서 부르던 노래소리야. 어머니가 보고싶어…." 전의를 잃은 초나라 병사들은 하루하루 탈영 행렬이 늘어나 결국 전쟁에 패하고 말았다는 데서 '사면초가'라는 말이 나왔다.

역사에 '만일'이라는 가정법이 있을 수 없지만 중국 역사서를 보면서 나는 '사면초가' 상황에 대해 안타까움과 답답함을 느꼈다. 항우와 유방은 최후의 결전이 오기 전 크고 작은 전투 70여 회를 치렀고 항우가 70전 전승을 거뒀다고 한다. 그의 개인적 능력과 전투력, 참모진들의 용맹성 등은 유방 진영과 비교가 되지 않을 정도였다. 유방과 항우의 큰 차이점은 전투에 임하는 태도였고, 이것은 승부를 가르는 결정적 요인이 됐다. 유방은 연전연패하는 절망적 상황에서도 일급 참모 소하가 "전투에는 지고 있지만 우리는 계속 성장하고 강해지고 있다"는 말에 희망을 가졌다. 그러나 지는 것을 병적으로 싫어하는 항우는 단 한번의 패전에서 스스로 절망에 빠졌다.

항우가 그렇게 사랑했다는 애인, 우미희는 주군의 좌절과 절망에 스스로 목숨을 끊어 절개를 입증했다. 사면초가 상황에서도 용맹스런 항우는 참모들과 탈출에 성공했다. 참모들이 재기를 노리며 일단 목숨부터 부지하라는 진언을 항우는 받아들이지 않았다. 한 번의 패배는 항우를 초라하게 만들었고 스스로 굴욕감과 좌절감에서 헤어나지 못하게 했다. 특히 한때 자신의 수하였던 유방 같은 약하고 보잘 것 없는 약골에게 패했다는 사실을 받아들일 수 없었다.

그의 타고난 힘과 용맹성에도 불구하고 항우를 망하게 한 것은 바로 그 자신이었다. 참모의 말을 잘 듣지 않는 자만심, 약자에게 질수도 있다는 사실을 인정하지 않는 독단과 고집, 승패에 연연해 긴 승부를 바라보지 못한 단견 등. 집단의 지도자가 절망에 빠지면 그 집단은 오합지졸로 변한다. 참모의 만류를 뿌리치고 자신의 칼로 자결을 선택한 항우의 나이는 당시 33세. 역발산 기개세의 용맹도 절망 앞에서는 무용지물이었다. 역사는 그를 패배자, 실패한 영웅으로 기록하고 있다.

멋진 동반자가 되도록 노력하라

● 국민배우 최진실의 비극
● 사람을 알아보는 10가지 방법

내가 먼저 멋진 동반자가 될 준비와 자세를 갖추는 것이 급선무다. 그리고 멋진 동반자를 찾아 서로 노력하는 것이 매우 중요하다. 낭비벽이 있는 파트너, 게으른 사람, 도벽이 있거나 사기꾼 기질이 있는 사람 등은 자신은 물론 가정을 파탄 낼 가능성이 높다.

A라는 사람이 있었다. 그는 변변한 직업을 가진 적이 없었지만 주변에는 항상 여자들로 넘쳐났다. 그는 수시로 명함이 바뀌었고 외제차를 몰고 다녔다. 명함 바뀌는 것과 비례해서 여자들도 바뀌는 식이었다. 그와 헤어지는 여자들은 대부분 후회와 상처를 안고 떠나는 공통점을 보였다. 상당수 여자들은 의외로 외적인 요소에 매우 약했다.

그는 애초부터 멋진 동반자가 될 가능성도 없었고 그런 노력조차 보이지 않았지만 여자들은 어리석었다.

자신은 그를 바꿀 수 있고 잘 맞춰서 살겠다는 식이었다. 그러나 몇 개월 넘기지 못하고 그런 말은 허언이 됐다. 큰 착각이 있었기 때문이다. 자신도 바꾸기 힘든데 타인을 바꿀 수 있다는 오판을 했던 것이다.

동반자를 누구를 만나는가에 따라 인생의 성공과 실패가 결판나는 사례는 주변에 널려 있다. 연예계 커플들의 결혼과 이혼은 항상 대중의 관심사가 된다. 결혼 후 잘 살면 문제가 없지만 이혼의 경우 대부분 큰 홍역을 치른다. 이혼에 수만 가지 사연이 있지만 모든 사생활이 공개되면서 이미지에 엄청난 상처를 입게 된다.

국민배우 최진실 씨의 비극은 결혼과 함께 시작됐다고 한다. 최진실은 이혼과 함께 극심한 고통에 시달려 우울증을 앓아야 했다. 끝내 스스로 목숨을 끊는 비극의 주인공이 됐고, 2년 뒤 친동생마저 자살하는 놀라운 일이 벌어지고 말았다. 국민배우로 모두 사랑하고 환호했지만 정작 단 하나뿐인 남편으로부터 질시와 원망에 시달려야 했던 자괴감과 상실감은 그의 모든 것을 앗아갔다.

이혼이 반드시 나쁘다고 할 수 없지만 만나는 것만큼 헤어지는 것도 잘 해야 한다. 서로에게 상처를 최소화하면서 상호 배려하는 자세가 중요하다. 이미 서로 상처를 주고받을 만큼 받았는데, 이제 남남이 되는 순간까지도 저주와 악담을 퍼부어야 한다면 너무 잔인하다.

연예인과 마찬가지로 일반인들도 이혼은 당사자 모두에게 큰 아픔과 좌절감을 안겨 준다. 심지어 이혼의 고통 때문에 우울증으로 이어져 끝내 목숨까지 끊어 버리는 비극을 맞기도 한다. 동서양을 막론하고 인생에서 두 번째 큰 스트레스로 꼽히는 것이 바로 '이혼'이라는 조사결과가 나왔다.

사람을 만나는 것도 신중해야겠지만 만난 사람과 조화롭게 이해하며 상생할 수 있도록 도와주는 것은 매우 중요한 인생 성공의 변수가 된다. 유대인들은 '멋진 배우자를 얻기 위해서는 모든 것을 바쳐도 아깝지 않다'고 할 만큼 배우자 선택에 심혈을 기울인다.

대한석유공사 황두열 사장은 이렇게 말한 적이 있다.

"부부관계가 좋지 않은 사람은 부장급 이상 승진하는 것을 보지 못했다. 임원급들은 대부분 부부관계가 원만한 편이었다."

부부가 힘을 합하면 경쟁력이 두 배가 아니라 세 배, 네 배가 된다. 반대로 부부가 서로 다투기 시작하면 한 사람, 반 사람의 힘도 나오지 않는다. 이런 상황에서 성공을 논할 수는 없다.

미국에서는 장성 진급 시 이혼 경력이 있을 경우 치명적인 흠이 된다고 한다. 그 이유는 '한 여자를 제대로 다스릴 수 없는 사람이 수많은 군인을 다스리기 힘들다'는 것이다.

인생에서 결혼은 낯선 사람과 만나 새로운 목표를 향해 매일 부딪히며 타협하며 살아가는 과정이다. 서로 사랑이 충만할 때는 무엇이든 해결할 수 있다. 그러나 그 사랑은 오래 가지 못하고 작은 다툼이 둘 사이를 돌이킬 수 없게 만들 수도 있다. 위기상황에서 어떻게 슬기롭게 헤쳐 나가느냐는 매우 중요한 인생의 지혜가 된다.

결혼 전에 가치관과 성실성 등을 반드시 점검해 봐야 한다. 또한 감정표현을 어떻게 하는지 확인해야 한다. 슬픔과 분노 등의 상황에서 감정조절방식, 해결방식은 그 사람의 인성과 직결되기 때문에 확인이 필요하다. 마지막으로 술과 도박, 주사 등 가정의 평안을 위협할 수 있는 요소에 대해 어떤 습관과 버릇이 있는지 알아내야 한다.

한 가지 주의해야 할 것이 있다. 상대의 치명적 약점을 알면서도 '내가 고쳐가며 살겠다' 는 어리석음은 범하지 말라는 것이다. 나도 나 자신을 바꾸기 힘든데, 상대를 바꿀 수 있다고 착각한다면 엄청난 비극의 서곡이 될 것이다.

기본이 안 된 사람을 선택했다면 그 우매함을 스스로 탓해야 할 것이고 그 고통을 감내해야 한다. 그러나 내가 먼저 바뀌기 위해 얼마나 노력했던가, 내 정성과 노력이 충분했던가에 대한 반성이 먼저 이루어져야 한다. 수준 이하의 인간도 많다. 그러나 멋진 보석 같은 사람도 주변에 널려 있는 만큼 사람 선택에 정성을 다해야 한다.

인생은 길다. 멀리 가려면 함께 가야 한다. 그렇다면 동반자가 경쟁력의 주요한 변수가 될 것이고 이는 성공의 알파요 오메가가 될 것이다.

:: 사람을 알아보는 10가지 방법

중국 역사서 〈여씨춘추〉에 의하면, 사람을 시험해서 알아보는 6가지 방법, 소위 육험법(六驗法)이 있다고 한다. 여기에다 현대에 필요한 4가지를 더하여 소개한다.

1. 그를 기쁘게 하여 정상적인 상태를 잃고 천박하게 흐르지 않는지 살핀다.
2. 즐겁게 해서 취향이나 나쁜 버릇 따위를 살핀다.
3. 화를 돋구어 통제능력이 있는지 살핀다.
4. 두렵게 만들어 그것을 견딜 수 있는지 살핀다.
5. 슬프게 만들어 스스로를 지탱할 수 있는지 살핀다.
6. 힘들게 만들어 그의 의지를 살핀다.(이상 육험법)
7. 시간관념이 분명한지 여부를 살핀다.
8. 어떤 전문성을 갖췄는지, 그 분야에 대한 성실성을 살핀다.
9. 타인에 대한 배려 등 대인관계를 살핀다.
10. 돈을 맡겨 신뢰성과 정직성을 살핀다.

커뮤니케이션 스킬(소통력)을 개발하라

● 소통은 신뢰와 불신을 가르는 판단의 근거
● 소통에 성공한 가장 위대한 영국인, 윈스턴 처칠

소통(疏通, communication). 복잡한 인간사에 소통은 모든 문제를 해결하는 출발점이자 가장 중요한 요소가 되었다. 한자어의 소(疏)는 '트일 소 혹은 나눌 소'이며, 통(通)은 '통할 통'이다.

소통은 직장생활, 가정생활, 정치세계 등 모든 관계에서 개인의 이미지와 위상을 정립하고 관계를 규정하는 최초·최고의 수단이다. 소통에 성공하는 사람은 승진은 물론 조직의 권력을 움켜잡게 된다.

권력의 위치에 오르더라도 소통에 실패하는 권력가의 말로는 비참해지는 법. 성공하고 싶으면 '수단과 방법을 가리지 말고 소통의 달인이 되라'는 메시지를 전하고자 한다.

세간에 화제가 된 '김제동 어록'을 인용해 보자. 그 중 눈길을 끌었던 내용을 부분적으로 소개하면 다음과 같다.

"열심히 살아온 한 여인이 하느님께 기도를 올렸다. 하느님이 너에게는 특별히 '영생'을 허락한다고 했다. 영생을 얻은 이 여인은 이대로 살 수 없다며 그 동안 미뤄 왔던 성형수술을 했다. 놀랍게도 성형수술 후 이 여인은 바로 사망했다. 하느님을 만난 이 여인은 항의했다. 영생을 선사하시고 이럴 수 있느냐는 것이었다. 그러자 하느님이 '미안하다, 몰라봤다'라고 대답했다는 것이다."

김제동 씨는 이 말을 한 후 '사람은 얼굴이든 마음이든 바뀌면 다시 만나도 몰라본다. (노무현 대통령을 그리는) 이 마음 변치 말자'고 결론을 내렸다. 그의 재치있고 흥미로운 메시지 전달방식은 강의자들이 배워야 할 소통방식이라고 믿는다. 나는 여기서 조금 다른 해석을 시도해 보고자 한다.

만일 이 여인이 성형수술을 하더라도 미리 하느님께 '양해를 구하는 소통절차가 있었다면 계속 영생이 유지됐을 것'이라고 해석한다. 웃자고 하는 이야기지만, 소통과정을 무시하고 독단적으로 자신의 모습을 바꿔 버렸으니 그 상대가 누구든 알아보지 못하는 것은 당연하다. 이 경우는 한 여인의 생과 사를 가르는 결정적 변수가 됐다.

소통은 또한 신뢰와 불신을 가르는 판단의 근거가 된다. 소통은 일방통행 방식을 거부한다. 상대를 배려하고 존중하는 데서 소통의 중요성이 나온다. 김수환 추기경은 선종한 뒤 국민들로부터 더 많은 사랑과 존경을 받았다. 그의 소통방식은 감동과 자기희생, 인간사랑을 바탕으로 하고 있어 더욱 빛났다.

민주화운동이 요원의 불길처럼 번지던 1987년 6월, 당시 명동성당에서 농성 중이던 학생들을 연행하려는 경찰병력과 김 추기경의 소통방식은 평소 온화한 모습과는 정반대로 단호하고 비장했다.

"성당 안으로 경찰이 들어오면 맨 앞에 내가 있을 것이고 그 뒤에 신부들, 수녀들이 있을 것이오. 우리를 다 넘어뜨리고 난 후에야 학생들이 있을 것이오."

이런 김 추기경에 대해 한 언론은 이렇게 평가했다.

"김 추기경은 자신의 권위를 내세우지 않고 자신을 낮추는 겸손, 가난과 고통에 시달리는 사람들을 누구보다 자상하게 보살핀 배려, 아무리 바빠도 일일이 답장을 쓰며 마음을 어루만지는 인간적 소통, 역사의 고빗길마다 흔들리지 않는 소신으로 중심을 잡아준 원칙…."

상대를 배려하고 존중하는 소통방식은 모두가 지향해야 할 목표점이지만 상황마다 이런 원칙을 지키기가 쉽지 않다. 나 또한 소통의 실패로 대학교수 지원에 쓰라린 경험을 많이 했다. 반대로 극적으로 소통에 성공하여 인제대학교에 들어올 수 있었다. 소통은 여러 가지 변수가 있으므로 이렇게 혹은 저렇게 하라고 주문하기가 어렵다.

그래서 성공한 역사적 인물들, 기업을 성공적으로 이끄는 최고경영자들은 공통적으로 소통에 성공한 사람들이라고 보면 틀리지 않는다. 그러나 시대의 요청과 민중의 요구를 거부하고 일방통행식으로 자기주장만 내세운 권력자, 독재자들의 말로는 비참했다. 비록 어렵게 권력을 잡았더라도 인의 장막에 막혀 소통에 실패한 크고 작은 권력자들을 우리는 많이 보아왔다.

　가정에서도 소통이 원활하지 않으면 부부, 자식 관계가 상처받기 쉽다. 소통 부재의 가정에 행복이 넘친다는 이야기는 들어본 적이 없다. 가정이 경쟁력 배양의 기초터전이라면 가정에서부터, 내 가까운 사람들에서부터 소통은 시작되는 셈이다. '소통을 중시하는 자 성공으로 가고 소통을 경시하는 자 실패로 간다'는 명제는 가정과 직장, 조직 간에 항상 성립하는 법. 어떻게 소통을 할 것이냐 이전에 소통이 성공에 매우 중요하다는 인식을 하는 것이 최우선이다.

　소통의 주요 수단은 '말'이다. 그래서 말의 중요성은 점점 더 커지고 있다. 앞으로 리더가 자기표현이 서툴거나 연설을 제대로 할 수 없다면 결정적 흠결이 될 가능성이 높다. 리더는 집단을 이끌어가야 하고 이는 필연적으로 많은 사람들을 설득해 공감대를 형성할 수 있어야 경쟁력이 배가되기 때문이다.

　이명박 대통령은 2008년 취임 후 1년 만에 '소통에 실패했다'는 똑같은 이유로 두 번씩 사과하는 일이 있었다. 이것은 초기 권력장악과 국정추진력의 힘을 빼는 요인으로 작용했다. 노무현 전 대통령 또한 스스로 '소통에 실패한 대통령'이라고 자인하며 비운을 맞기도 했다.

　노 전 대통령이나 이 대통령이나 모두 청산유수처럼 말을 잘하는 정치인들이다. 능력도 있고 말도 잘했기 때문에 권력을 잡았다. 이들이 소통에 실패했다는 것은 말을 잘못했다기보다는 인의 장막에 가려 제대로 비판과 불만을 듣지 못했을 뿐이다. 혹은 비판을 알면서도 자기고집에서 벗어나지 못했을 수도 있다. 권력의 정점에 있는 권력가에게 누가 감히 신랄한 비판의 목소리를 전할 수 있겠는가. 중간에 차단되거나 걸러져서 순화되거나 미화된 내용으로 왜곡 전달될 가능성이 매우 높다.

소통의 수단이 말이긴 하지만 듣지 않거나 필요한 것만 선택적으로 듣게 되면 소통체계는 위험에 빠진다. '말 잘한다'는 평가를 받기 위해서는 적어도 세 가지는 항상 염두에 두고 노력해야 한다.

첫째, 대상에 따라 하고 싶은 말보다 듣고 싶은 말을 준비해서 들려줄 수 있어야 한다. 대상에 대한 배려와 존중이 없다면 이는 불가능하다. 미리 종이에 적어서 읽어나가는 일방행 소통은 바람직하지 못하다. '눈을 맞추고 시선을 줄 수 없다면 연설 같은 것은 그만두라'고 권하고 싶다.

둘째, 스피치든 강연이든 내용을 치밀하게 구성해야 한다. 구성력 없는 말은 산만하다. 테마에 적절한 사례와 우화 등 흥미를 끌거나 주제를 돋보이게 하는 사례 제시는 스피치 구성의 생명이다. 이 구성력은 청중의 집중력을 끝까지 끌고가는 전략에 바탕을 두어야 한다. 즉 '놀라운 사례' '웃기는 사례' '역사적 사례' 등을 적절히 구성하는 것이 좋다. 말을 잘한다는 평가는 어떤 사례를 얼마나 적절하게 인용했느냐가 결정한다.

셋째, 말을 하지 말고 쇼를 하라. 말에 생명력을 불어넣어 '무서운 것은 무섭게, 재미있는 것은 재미있게' 말에 표정을 입혀야 한다. 제스처나 목소리도 필요하면 변화시켜라. 다만 말이 너무 빠르거나 느려서는 안 된다. 그것이 의도적인 것이 아니라면, 그래서 단순히 말하는 것이 아니라 온몸으로 말을 하는 쇼가 돼야 한다.

미국의 한 잡지에서 성공한 CEO 100명의 공통점을 조사한 적이 있다. 세 가지가 거론되었는데, 두 번째 공통점이 '커뮤니케이션 스킬(communication skills)'이 뛰어나더라는 점이다. 단순히 말을 잘한다는 뜻이 아니라 직원들이나 참모 등 누구와도 막힘없이 소통에 적극적으로 나서고 있다는 점을 강조했다.

소통을 방해하는 요소는 여러 가지가 있지만 가장 큰 것은 듣기에 실패하는 것이다. 듣는 데 익숙하지 못하면 듣기를 방해하는 선입관이나 편견, 사회적 지위, 집단주의, 지적 수준, 인간의 착각, 정치적 편향성 등은 더욱 괴력을 발휘하게 된다.

이런 점을 염두에 두고 소통을 향상시키기 위해 두 가지를 더 해야 한다. 첫째, 글쓰기에 나서야 한다. 글쓰기를 통해 말의 무기라고 할 수 있는 어휘력을 가다듬어야 한다. 또한 글은 인간의 사고를 보다 치밀하게 해 주기 때문에 글은 여러 모로 도움이 된다. 둘째, 말하기도 연습이 필요하다. 연습 없이 되는 것은 없다. 상대, 장소, 주제를 가리지 않고 말하기 연습을 해 보는 것이 좋다.

상대가 난적일수록 대화 테크닉은 고도로 정교해야 하거나 매우 흥미롭고 단순 명쾌해야 한다. 어린이나 할머니 등을 만나 직접 시도해 봐야 '자신의 실력'을 가늠할 수 있다. 말도 연습이 필요하다는 점을 기억하라. 침묵이 늘 금은 아니다. 침묵은 때로 무능이고 웅변은 스타 탄생의 기회가 되기도 한다. 소통력은 말하기 듣기 등 종합적인 커뮤니케이션 능력을 의미한다.

:: 소통 능력을 크게 향상시키는 9가지 준비사항

소통의 달인이 되기가 쉽지 않다는 것을 느꼈다면 그것도 수확이다. 조직을 경영하는 사람이 소통학을 공부하는 것은 모든 리더십 교육의 전공필수과목이다. 이제 성공 커뮤니케이션을 위해 9가지 준비사항이 무엇인지 알아보자.

첫째, 소통이 시작되기 전 준비단계에서 밝은 모습을 만든다.

말을 시작하기 전에 이미 소통은 시작된다. 상담을 위해 의자에 앉아 선생님을 바라보고 있는 동안, 강연장에 앉아 강사의 말이 시작되기 전에 이미 무언의 소통은 활발하게 이루어지고 있는 것이다. '저 사람은 어떤 사람일까' '어떤 내용으로 기대를 충족시켜 줄까' '이들이 나의 교육에 만족할까' '저 수많은 눈빛을 보면 두렵다.' 잘 살펴보라. 강사를 소개할 때 밝게 웃으며 인사하는 사람은 프로다. 긴장된 표정, 근엄한 모습을 감추지 못하는 사람은 의외로 아마추어일 경우가 많다. 일단 미소로 출발하라. 상대의 마음을 열 수 있는 밝은 미소로….

둘째, 절대로 감정적 언어는 사용하지 않는다.

화가 난 상태에서 혹은 감정적으로 고조된 상태에서는 정상적인 커뮤니케이션이 잘 이루어지지 않는다. 이때 매우 조심해야 한다. 상대가 누구든 어떤 주제로 대화를 나누든 노여움은 소통을 망치는 결정적 요소가 된다. 도발하는 경우에도 말려들어서는 안 된다. 악조건하에서 평정심을 유지하는 교육과 훈련이 필요하다.

셋째, 경청하는 법을 배운다.

가만히 듣고만 있는 것은 경청이 아니다. 경청은 뛰어난 인내심과 집중력, 적절한 관심표현 등을 전제로 한다. 자신의 말만 하고 듣는 데는 익숙하지 않는 사람들은 '경청의 도'를 모르는 것이다. 소통력 향상의 첫 번째 조건이 '경청의 예'를 갖추는 것이다.

넷째, 눈에 집중하라.

눈은 마음의 표현이다. 상대의 마음, 심리상태를 읽어내지 못하면 소통의 달인이 될 수 없다. 수백 명의 청중 모두의 마음을 읽지는 못해도 가까운 사람들의 눈을 보면 읽어 낼 수 있다. 상대의 눈을 읽기 위해 자신의 눈에 너무 힘을 줄 필요는 없다. 오히려 상대를 긴장시킬 수 있으므로 항상 부드럽고 여유 있는 표정을 유지한다.

다섯째, 심리적 준비가 됐을 때 말을 시작한다.

말을 듣기 위한 기본적인 자세, 심리적 준비가 되지 않은 상태에서 시작하면 전달력은 반감된다. 장내가 시끄러울 경우, 휴대전화 문자 메시지에 열중할 경우 '중단하라'고 소리칠 필요 없다. 조금 시간이 걸리더라도 조용해질 때까지 기다린다. 박수를 유도하든 유머를 들려 주든 일단 분위기를 장악하기 전에는 절대로 허겁지겁 시작하지 않는다.

여섯째, 정직성이 느껴지도록 하라.

대화 속에 정직성이 자연스레 느껴진다면 매우 성공적이다. 과장이나 거짓 등은 커뮤니케이션을 망치는 부정적 요소다. 정직하다는 인상을 줘야 신뢰감을 쌓아갈 수 있고 이는 메시지 전달력을 강화하는 힘이 된다.

일곱째, 열정도 전달하라.

청중이나 상대는 쉽게 감동받지 않는다. 정직성 하나로 해결할 수 없는 경우가 많다. 열정은 상대를 움직이는 힘이다. 성공한 사람들의 공통점은 자신의 일에 열정이 넘쳐났다는 사실을 확인시켜라.

여덟째, 3W(Who · Where · When) 법칙을 항상 기억하라.

대상 · 장소 · 시간에 따라 화법을 변화시킬 수 있어야 한다. 여기서는 히트곡이 저기서는 소음으로 전락할 수 있다. 변수가 많아 자칫 실패할 위험요소가 항상 있기 때문에 3W 법칙은 준비과정과 전달과정은 물론 최종 마무리를 하면서도 염두에 두어야 할 요소다.

아홉째, 전달방법을 다변화하라.

말로 되지 않을 때, 편지나 여행 등 다양한 방법으로 접근하는 것이다. 상대에 따라 소통하기 때문에 그 상대가 어떤 취향을 갖고 있는지 존중하고 배려하는 자세가 필요하다. 그렇게 말로 되지 않던 일이 여행을 통해 우아한 식사대접을 통해 우호적 관계가 형성되고 쉽게 풀리는 경우도 있다. 이것도 넓게 소통의 영역에 포함시킬 수 있다.

소통에 성공한 가장 위대한 영국인, 윈스턴 처칠

영국 BBC에서 2002년 영국인 100만 명을 대상으로 '위대한 영국인(Great Britons)' 100명을 선정하는 여론조사를 실시한 적이 있다. 이때 전체 응답자의 28.1%를 획득해 위대한 영국인 가운데 가장 위대한 영국인으로 뽑힌 주인공은 바로 윈스턴 처칠이다.

2004년 11월 30일 처칠이 태어난 지 130주년을 앞두고 실시한 조사에서 여전히 영국인들에게 역대 가장 '위대한 영국인'으로 뽑힌 주인공. 네이버 인물사전에는 "오랜 세월이 무색하게도 처칠은 여전히 가장 위대한 영국인으로 뽑히고 있다"고 쓰여 있다. 영국인들은 무엇 때문에 그를 가장 위대한 영국인이라는 영예의 월계관을 씌워 줬을까.

영국인들의 평균키에도 미치지 못하는 땅딸막한 신사, 나비넥타이를 매고 시가를 피우며 승리의 V자를 그리는 이 사나이에게 열광하는 이유는, 국가적 위기 상황에서 보여 준 용기와 결단력, 유머를 잃지 않은 명연설 등을 거론할 수 있다.

제2차 세계대전 당시 전 유럽이 히틀러의 야만적 군사침략에 무너져 갔다. 런던을 중심으로 나치의 폭탄투하가 시작되면서 영국의 항복도 시간문제가 됐다. 처칠의 연설은 위축된 영국인들의 가슴에 희망과 용기, 자신감을 선사했다.

"비록 유럽의 넓은 영토와 유수한 전통 국가들이 게슈타포와 나치의 압제하로 굴러떨어졌지만 우리는 굴복하지 않을 겁니다. 우리는 끝까지 싸울 것입니다. 우리는 프랑스에서 바다와 대양에서 싸울 것입니다. 우리는 더 큰 자신감과 공군력으로 어떠한 희생을 무릅쓰고라도 영국을 지킬 것입니다…."

처칠의 명연설과 명언은 많은 영국인들의 가슴속에 남아 있다. 그는 특히 '용기'를 매우 중요시했다. 영국인들이 좋아하는 그의 명언에는 이런 것도 있다.

"돈을 잃은 것은 적게 잃은 것이다. 그러나 명예를 잃은 것은 크게 잃은 것이다. 더더욱 용기를 잃은 것은 전부를 잃은 것이다."

처칠과 히틀러는 적대적 라이벌 관계에 있었다. 결과론이긴 하지만 성격적으로도 처칠은 유쾌하고 재치있고 관대했다고 한다. 이에 비해 히틀러는 잔인했으며 유머가 없고 우울했다고 한다. 히틀러의 최측근 괴벨스를 통해 여론 조작과 선동에 성공해 집권과정과 초기에는 독일 국민의 지지를 얻었지만 종국에는 파멸로 막을 내렸다. 히틀러는 1939년에 이런 말도 남긴 것으로 전해진다.

"동정심에는 눈을 감아라. 잔혹하게 행동하라. 우리 8천만 국민은 제 권리를 되찾아야 한다. 우리의 생존은 확실하게 보장돼야 한다. 강한 것이 옳은 것이다."

히틀러가 자국민 마음속에 최악의 상황을 조장하고 저열한 본능인 절망, 고문, 모욕, 약탈 등을 조직적으로 표출하도록 유도했다. 히틀러의 이런 소통방식은 전쟁 초기 국민들이 전쟁에 모든 것을 바칠 수 있도록 결집시키는 데는 효과를 봤다. 이에 비해 전쟁 중에도 불구하고 처칠은 국민의 존엄성을 생각하고 직접 행동으로 이를 실천했다.

처칠이 인간적 모습으로 소통했다면 히틀러는 고압적이고 위협적인 모습으로 일방소통을 했다. 상황이 불리하게 돌아갈 때도 처칠은 순순히 자신의 책임을 인정했다. 처칠은 저서 〈나의 반성〉에서 이런 소감을 남겼다.

"모든 사람들이 내게 비난의 돌을 던졌다. 그들은 거의 언제나 그랬다. 아마 내가 그 돌을 맞아도 잘 견뎌낼 것이라고 생각한 모양이었다."

이와 반대로 히틀러는 전세가 불리하게 돌아가자 그 이유를 끊임없이 남의 탓으로 돌렸다. 자신의 천재성을 무시하는 장군들과 독일 국민에게 책임을 전가했다. 심지어 전쟁에서 패배한 후 자신이 살아남지 못할 것임을 예감하고 독일도 함께 사멸하기를 원했다. 그는 이런 말을 남겼다.

"만일 전쟁에 패할 경우 우리 국가도 멸망할 것이다."(출처 : CEO 히틀러와 처칠, 리더십의 비밀).

처칠은 제1차 세계대전의 패배에서 자신의 책임을 인정하고 장관직에서 물러난 적이 있다. 이런 책임감 있는 모습에서 국민의 신의를 얻었고 결국 제2차 세계대전을 승리로 이끈 원동력이 되었다.

영국인의 마음속에 '가장 위대한 영국인'으로 살아 있는 처칠은 전쟁이라는 위기 상황에서 희망과 용기의 리더십, 유머를 잃지 않은 소통, 국민을 존중하는 소통방식의 중요성도 각인시켰다.

성공화법을 구사하라

● 의사소통 테크닉은 일종의 종합예술이다
● 성공 스피치를 위한 12가지 준비사항

'나는 소통력과 자기표현력에 대해 공부하기 이전에 의사소통에 관한 한 아무 문제가 없다'고 착각했다. 외국어로 이야기하는 것도 아니고 정신이 이상한 사람과 대화하는 것도 아니고 매우 이해하기 어려운 내용을 논하는 것도 아니기 때문에 소통에 관한 한 특별한 교육이 필요없다고 생각했다.

그런데 이런 무지와 무개념이 많은 문제를 야기했다. 가정에서는 물론 직장에서도 정상적인 소통을 위한 커뮤니케이션 스킬의 부재가 좌절과 실패로 이어졌다. 소통력이 변수가 돼 중요한 강의나 프레젠데이션, 상담에서도 성공과 함께 실패로 나타났다. 프로의 세계에서 상황과 상대에 따라 성공도 하고 실패도 한다는 것은 진정한 프로가 아니라는 설명이다.

소통력의 향상은 부부관계를 향상시켜 가정을 원만하게 이끈다는 점, 직장 선후배와의 관계를 개선해 성공시대를 열어간다는 점, 이것이 승진 등에 중요하게 적용한다는 점, 무엇보다 행복한 일상생활을 위해 필수적이라는 점 등에서 꼭 필요하다. 여기서는 소통력의 주요 부분을 차지하는 자기표현력(성공화법)에 보다 초점을 맞추고자 한다.

이것을 수치로 확인해 설득력 있게 전달한 연구가 있다. 2009년 한국고용정보원은 608개 직업에 종사하는 2만여 명을 조사한 후 "의사소통능력이 임금 수준을 결정한다"는 결론을 내렸다.

고임금을 받는 근로자들은 대체로 의사소통능력이 뛰어나고 창조적 활동을 즐긴다는 조사결과를 발표했다. 한국고용정보원의 조사에 따르면 연봉 4천만 원 이상의 고임금 근로자들은 임금 결정의 주된 요소가 되는 44종의 업무능력에서 2천만 원 이하의 저임금 근로자들보다 뛰어났다.

구체적으로 다른 사람의 말을 듣고 이해하는 능력과 업무 관련 문서를 읽고 이해하는 소통능력에서 고임금 근로자의 평균점수는 7점 만점에 각각 5.08점과 5.1점으로, 저임금 근로자보다 0.91점씩 높아 44종의 능력 중에서 가장 큰 점수 차가 나타났다는 것이다.

미국의 한 시사잡지에서는 성공한 100대 최고경영자들의 공통점을 조사한 결과 세 가지를 도출해 냈다. 첫째, 건강지키기 명수들

(Health)이다. 둘째, 소통력(Communication skill)이 뛰어나다. 셋째, 독서(Reading)를 많이 한다.

이처럼 성공한 기업가, 성공한 직장인이 되기 위해 소통력을 기른다는 것은 매우 중요하다는 점이 입증되고 있다. '나는 특별한 소통 교육이 필요없다'고 자만하는 사람들일수록 자신도 모르는 많은 문제점을 내포하고 있을 확률이 높다.

자기 말만 하기 바쁜 정치인들, 화부터 내는 남편, 잔소리를 그대로 내뱉는 학부모, 학생의 심리상태를 읽어내지 못하는 선생님, 언론을 상대로 욕하거나 막말을 여과없이 쏟아내는 장관들, 수강자들의 기대와 전혀 다른 강의로 자신에게만 충실하는 강의자, 자신의 일급 참모에게 모욕감을 주는 최고경영자들…. 이 모두가 흔히 접하는 커뮤니케이션 실패 사례들이다.

스피치 커뮤니케이션의 실패는 조직 경영의 실패로 직결된다. 수익이 떨어지고 능률도 저하된다. 진취적이고 도전적인 직장인을 다른 곳으로 내모는 결과를 가져온다. 충신은 떠나고 간신과 무능력자가 우글거리는 곳에서 성공을 찾는다는 것은 어불성설이다.

내가, 우리 조직이 성공하려면 스피치 커뮤니케이션 스킬을 더욱 향상시켜야 한다. 나는 문제가 없다는 인식을 바꾸는 것이 쉽지 않다. 이 준비가 되었다면 다음 단계로 넘어갈 수 있다. 이제 성공 커뮤니케이션 12가지 구성요소 등 향상 방안에 대해 알아본다.

의사소통 테크닉은 일종의 종합예술이다. 단순히 말만 주고받는 것이 아니라 가치관과 생각, 몸짓, 눈짓 등을 읽어내고 표현하지 않은 부분까지 정확하게 읽어내는 기술은 고도의 정확성과 정밀성, 경륜을 필요로 한다. 이를 위한 전제조건으로 커뮤니케이션을 구성하는 12가지 요소를 설명하고 이를 향상시켜야 한다.

연설장이나 회의장, 세미나 등에 가 보면 스피치(speech)와 리딩(reading)을 구분하지 못하는 경우를 종종 본다. 특히 한국사람들은 간단한 스피치조차도 준비된 종이를 보고 읽지 않는 경우는 드물다. 대학의 스피치 콘테스트에서조차 리딩하는 모습을 보면서 바로 탈락에 해당하는 점수를 준 기억이 있다.

자신이 없는 사람, 준비가 안 된 사람일수록 종이를 보고 읽으려고만 한다. 시선을 종이에 뺏기는 순간, 청중은 외면당하게 된다. 외면당한 청중이 강연자에게 집중하기를 기대한다면 착각이다. 성공 화법, 성공 강연을 위해 적어도 12가지는 준비해야 한다.

첫째, 고개를 들라. 강단에 올라가서는 어떤 경우든 고개를 숙이고 종이를 찾지 말라. 물론 이따금 메모를 참고할 수는 있다. 그러나 고개를 숙이거나 돌리는 순간, 청중으로부터 외면받게 된다는 점을 기억해야 한다. TV토론에서도 고개를 숙이는 순간, 청중의 시선도 카메라도 돌아간다.

둘째, 구성하라. 3분 스피치든 10분 스피치든 1시간 강연이든 미리 구성해야 한다. 시작을 어떻게 하고 비유나 사례는 몇 개를 들 것인지, 그리고 소요시간 등을 계산해서 구성해야 한다. 특히 마무리 부분에서 어떻게 메시지를 강조할 것인지 등 치밀하게 구성해야 한다.

셋째, 핵심 워딩을 놓치지 말라. 생각은 말보다 수십 배 빠르게 유동한다. 비유나 사례가 많아질 때 자칫 핵심 주제어가 빗나가거나 흐려질 가능성이 있다. 어떤 경우든 핵심 워딩은 강조돼야 한다. 청중의 수준을 너무 높이 평가하지 말라. 비유만 기억하고 핵심 주제어는 잊어버리는 경우도 종종 있다.

넷째, 명언·사례·통계 등을 인용하라. 스피치를 더욱 빛나게 하는 세 가지 요소, 즉 적절한 명언과 흥미로운 사례, 정확한 통계 인용 등은 필수다. 청중들은 똑같은 말이라도 '내가 하는 것'보다 '외국의 유명한 철학자의 말'이라면 더욱 집중하는 경향이 있다. 대단히 불합리한 것이지만 현실적으로 이를 무시하기 힘들다.

다섯째, 연습하라. 말에도 연습이 필요하지만 대부분 그 연습을 게을리 한다. 성공화법은 일상대화에서부터 출발하지만 연습이 반드시 필요하다. '가시에 찔리지 않고 장미꽃을 모을 수 없듯이' 성공화법도 조금의 수고로움과 연습이 필요한 법이다. 상대가 흥미를 보일 때나 무심할 때는 반드시 타당한 이유가 있다. 그 이유를 알아내고 개선하도록 해야 한다.

여섯째, 메모광이 되라. 좋은 말, 명언, 흥미로운 사례, 분위기 전환용 유머 등은 메모가 필요하다. 기억에 의존하는 데는 한계가 있다. 메모의 힘은 위대하다. 성공화법을 구사하는 사람들을 보라. 그들은 자기 나름의 노트와 메모를 활용하는 경우가 대부분이다.

일곱째, 글쓰기를 생활화하라. 말과 글은 매우 밀접한 관계를 맺고 있다. 글을 잘 쓴다고 반드시 말을 잘하는 것은 아니다. 그러나 글이 되지 않으면서 말을 잘하는 경우는 매우 드물다. 글은 사람의 사고를 논리적으로 치밀하게 만들기 때문에 글쓰기는 성공화법에 큰 도움이 된다. 주제가 있는 글쓰기를 해 보라. 글쓰기가 되면 말은 쉽게 성공할 수 있다.

여덟째, 독서하라. 독서는 일단 소통에 절대요소인 어휘력을 풍부하게 만들어 준다. 독서의 힘은 대화와 인용 속에 드러나는 법이다. 지위가 올라갈수록 독서가 필요해지는 이유는 남의 말을 듣고 이해할 수 있는 터전을 마련해 주기 때문이다.

아홉째, 신문이나 시사잡지를 적극 활용하라. 메모를 할 때 신문 등에 나온 사례나 사건 등은 시의적절한 자료로 활용된다. 시대의 흐름을 읽어내는 데 신문만한 매체도 없다. 국내외 흥미로운 사례, 연예소식 등은 소통을 원활하게 흥미롭게 만드는 윤활유가 된다.

열째, 가식 · 자기자랑 등은 금물이다. 우리나라 속담에 '배가 고픈 것은 참아도 배가 아픈 것은 못 참는다'는 말이 있다. 이미 잘난 줄 아는데, 겸손하지 못하고 잘난 척하면 역효과가 더 크다. 들통날 가식도 곤란하다. 혹 의도하지 않게 자랑이 됐다면 반드시 사과하는 척이라도 해야 한다. 자랑은 남이 해 줄 때 배가되고 스스로 하게 되면 마이너스가 된다는 점을 잊지 말자.

열한째, 유머를 활용하라. 유머는 두 가지 용도로 활용하는 것이 효과적이다. 우선 청중이나 상대와 거리감을 없애고자 할 때, 그 다음은 장시간 집중력을 끌고 가기 위해 긴장이완이 필요할 때 등이다. 유머는 적절해야 하며 역시 그 자체에 메시지가 있어야 한다. 다만 유머를 시도하기가 쉽지 않고 기대효과 또한 미지수인 만큼 결과가 뜻대로 나오지 않더라도 당황하지 않도록 한다.

마지막으로, 돌발상황에 대비하라. 일부 무례한 청중, 공격적이고 도발적인 질문, 적대감을 노출하는 태도 등이 느껴지더라도 즉각 대응하는 것은 자제해야 한다. 상대는 의도적으로 나를 곤경에 빠뜨리기 위해 노력하는 것인지도 모른다. 공개적인 자리에서 강연자가 이에 휘말리는 것은 역시 프로답지 못하다. 일단 마무리하고 따로 논의하자는 식으로 매듭지어야 한다. 강연자가 우위의 위치에 있음을 잊지 말고 주도권을 행사하면 된다.

:: 성공 스피치를 위한 12가지 준비사항

첫째, 눈을 장악하라.

말은 거짓으로 할 수 있지만 눈은 속일 수 없다. 눈과 입은 얼굴에서 표정을 나타내는 두 개의 기관이다. 눈빛, 눈동자의 움직임 등을 통해 '지루해' '그만해' '재미있어' '졸려' '관심없거든' 등을 읽어 낼 수 있어야 한다. 상대를 파악하지 못한 채 내 말만 쏟아내는 방식은 커뮤니케이션을 실패로 이끈다.

둘째, 표정을 파악하라.

상대의 표정을 파악하기 전에 나의 표정관리가 우선돼야 한다. 상대가 누구든 그와 마주하기 위해서는 표정관리가 꼭 필요하다. 화난 상태, 긴장된 표정 등은 커뮤니케이션을 방해하는 매우 나쁜 요소다. 미소와 함께 상대를 존중하는 표정이 말보다 우선해야 한다.

셋째, 제스처를 활용하라.

적절한 제스처는 많은 말을 한다. 유명한 웅변가나 달변가들을 보라. 그들의 손동작, 목소리의 변화, 표정의 변화, 목의 움직임, 발구르기 등 온몸으로 소통한다. 말을 위대하게 하는 것이 제스처의 힘이다. 때로는 양념으로 때로는 제스처 그 자체로 많은 메시지를 전달할 수 있다. 제스처는 신체 영상의 힘으로 강력한 전달 수단이 된다는 점을 기억하자. 다만 남발하면 효과가 반감되는 만큼 절제가 필요하다.

넷째, 말의 강약을 통제하라.

똑같은 말이라도 강약에 따라 전달력이 달라진다. 특히 목소리가 낮거나 습관적으로 큰소리부터 친다면 10분을 넘기기 어렵다. 말은 내가 하지만 듣는 사람, 판단하는 사람은 전혀 다른 사람이라는 점에서 철저한 배려가 필요하다. 단조로운 어법도 피해야 하고 마이크의 잡음도 피해야 한다. 꼭 강조해야 할 부분에 가서는 소리라도 쳐야 한다. 역시 너무 자주 이용하면 반감의 효과가 있는 만큼 제한적 활용이 필요하다.

다섯째, 의상에 변화를 주라.

의상도 커뮤니케이션을 구성하는 한 수단이다. 상대에 맞게 의상을 변화시켜 호감을 갖도록 노력해야 한다. 3분 만에 이뤄지는 첫인상에서 의상과 헤어스타일 등은 상대의 관심 여부를 결정하는 첫 관문이 된다. '내 스타일'만 주장하는 것은 진정한 프로가 아니다.

여섯째, 말의 스피드를 조절하라.

개인을 상대로 하든 다중을 대상으로 하든 상대가 편하게 쉽게 이해할 수 있도록 배려해야 한다는 점을 항상 기억하라. 의외로 말의 스피드가 부적절한 강연자, 발표자들을 만나는 경우가 많다. 시간에 쫓기더라도 말의 스피드 조절은 화자(話者)의 책임이라는 점을 잊어서는 안 된다.

일곱째, 표준어와 사투리를 구분하라.

공식적인 자리에서는 표준어를 구사해야 한다. 표준어가 전달력이 높기 때문이다. 다만 지역이나 상황에 따라 의도적으로 사투리를 한 번씩 구사하는 것은 효과가 있다.

여덟째, 발음을 정확하게 하라.

아나운서들의 발음을 흉내낼 수 있을 정도가 돼야 한다. 일반인들은 대부분 개인 간 대화에서조차 이따금 부정확한 발음으로 '다시 한 번' 재설명을 요청받기도 한다. 정확한 발음은 정확한 전달을 보장한다. 이 또한 상대에 대한 배려에서 나오는 법이다. 배려가 많아야 성공한 커뮤니케이터가 된다.

아홉째, 개성적인 이미지를 만들어라.

누구나 각자의 개성과 장단점이 어울려 독특한 이미지를 형성한다. 남의 장점을 배우면서 자신의 고유한 특장은 살려나갈 필요가 있다. 일단 청중의 호감을 사는 긍정적·호의적 이미지를 형성했다면 전달력은 매우 높아진다.

열째, 목소리에도 변화가 필요하다.

좋은 목소리, 나쁜 목소리는 없다. 개인 특유의 목소리를 어떻게 가다듬고 활용하느냐에 따라 결과는 달라진다. 너무 작은 목소리, 너무 큰 목소리 등은 장소에 부적절한 경우가 많다. 공통적으로 자신감에 찬 목소리, 밝은 목소리 등이 필요하다. 목소리도 상대와 장소에 따라 변화시킬 수 있어야 하고 이 역시 상대를 배려하고 존중한다는 전제하에 이루어져야 한다.

열한째, 어휘력을 향상시켜라.

흔히 말로 표현하는 어휘력은 소통의 가장 중요한 핵심요소다. 말을 정확하고 적절하고 논리적으로 활용하기 위해서는 뛰어난 어휘력, 풍부한 어휘력이 필수적이다. 지위가 올라갈수록 어휘력이 절대적으로 필요하다. 이를 위해 독서가 필요하다.

열두째, 유머를 활용하라.

전달력을 높이는 데 유머는 매우 유용하다. 함께 웃을 수 있다면 자연스레 친밀감이 형성되기 때문이다. 낯선 청중, 어려운 상대와 처음부터 친밀감을 이루기가 쉽지 않다. 그러나 전달력을 높이기 위해서는 어떤 방법으로든 우호적인 분위기 연출이 필요하다. 이를 위해 유머는 필수라고 생각한다.

이 열두 가지를 다 안다고 모두 커뮤니케이션에 성공하는 것은 아니다. 이것을 스스로 체득하는 숙달과정이 필요하다. 이를 좀 더 효율적으로 습득하기 위해 성공 커뮤니케이션을 위한 9가지 준비사항(159쪽)을 참고하기 바란다.

성공을 막는
나쁜 소통 습관은 버려라

● 착각은 상황을 그르치게 한다
● 집단주의, 권위주의는 소통을 방해한다

'소통력은 권력이다.' 소통의 달인은 조직의 권력을 잡을 수 있다. 사장과 소통이 잘 되는 직원, 사장의 마음에 들게 프레젠테이션을 잘하는 임원은 조직 내 권력도 함께 갖고 있는 셈이다. 누구나 멋진 소통을 원하지만 모두 소통의 마스터가 되는 것은 아니다.

그 이유는 의외로 간단한데, 이를 숙지하고 체득하는 데는 노력이 필요하다. 먼저 자연의 원리와 소통의 원리는 다르다는 점을 인정하는 것이 급선무다. 자연의 원리, 즉 '콩 심은 데 콩나고 팥 심은 데 팥난다' 는 식의 원리는 정직하고 예측 가능하다.

그러나 소통의 원리는 이와 다르다. 예를 들면, '되로 주고 말로 받는다' 는 것이 소통의 원리다. 전혀 예측 불가능하며 정직하지도 않다. 말한 사람과 듣는 사람이 어떤 상황에서 어떻게 해석하느냐에 따라 전혀 다른 결과가 나타날 수도 있다는 말이다. 그래서 흔히 오해다, 그런 의도로 하지 않았다 등의 말이 뒤따라 나오는데, 이는 소통에 실패했다는 표현이다.

:: 성공한 사람의 10가지 일상생활

1. 매우 매력적이고 현실적인 목표를 갖는다.
2. 오늘의 자신, 지금의 자신을 출발점으로 삼는다.
3. 타인과 비교하지 않는다.
4. 적극적이고 낙천적이며 정열적인 사고를 갖는다.
5. 창조적인 상상력을 적극 활용한다.
6. 현재의 일을 최후의 일이라고 생각하고 몰입한다.
7. 자기만의 개성적인 매력을 가진다.
8. 성공에 대해서 서두르지 않고, 교만하지 않고, 쉬지 않고, 포기하지 않는다.
9. 명예가 있는 인간이 될 것을 마음에 새긴다.
10. 하나의 일이 끝났을 때, 훌륭한 성공 체험을 얻는다.

– 로버트 H. 슐러

좀 더 쉽게 이해를 하기 위해 소통을 실패로 이끄는 다섯 가지 변수를 만들어 봤다. 더 많은 변수가 있을 수 있지만 이런 기본 변수들을 인정하지 않으면 소통은 불통이 되기도 하고 나아가 소통 자체가 부정되기도 한다. 거듭된 소통의 실패에서 교훈을 끌어내지 못하면 성공과는 거리가 멀어진다.

소통을 방해하는 첫 번째 변수는 인간의 착각이다. 대부분 자신은 '올바르고 상식적' 이라고 생각하는 자체가 착각일 수 있다. '나의 상식과 그의 상식, 그녀의 상식' 은 상황과 대상에 따라 달라질 수 있다. 이것은 지극히 자연스런 일이다.

이런 생각의 차이가 확연할 경우 '다름에 대한 인정' 보다 '맞고 틀리다' 는 식의 주관적 평가를 내리게 된다. 이것은 자칫 상대를 인정하지 않는 결과가 되고 커뮤니케이션은 위기에 봉착할 수도 있다. 스스로 똑똑하다거나 자신은 완벽하다는 엘리트들에게서 이런 '착각 현상' 이 종종 목격된다.

자기중심적 인간, 자신도 모르게 이중적 행태를 보이는 인간의 편리한 사고체계가 원활한 소통을 방해하는 요소가 될 수도 있다. 예를 들어 사무실에 가족사진이 걸려 있을 때, 남이 하면 '공사 구분 못하는' 정도로 여긴다. 대신 자신은 '화목한 가정을 상징하는 것' 으로 합리화한다. 또한 남이 나를 방문했을 때 회의중이거나 통화중이면 '당연히 대기해야 하고' 내가 방문했을 때는 똑같은 상황이라도 '먼저 만나거나 전화를 끊어야 한다' 고 생각한다.

착각의 원인은 다양하다. 아는 것이 불완전하기 때문일 수 있다.

혹은 아는 것을 표현하는 과정에서 착각을 유발하는 불완전한 표현기법 때문일 수 있다. 인간은 누구나 자기중심적이고 이중적이기 때문에 나타나는 현상이기도 하다. 또한 표현 자체가 한계를 가지고 있기 때문이다.

착각은 누구에게나 나타날 수 있지만 나이가 들면서 더 심화되는 경향이 있다. 보편적으로 나이가 너무 든 사람과는 논쟁이 되지 않는다. 그 이유는 자신의 착각을 인정하지도 받아들이지도 않고 오직 자신의 생각에만 갇혀 있기 때문이다.

착각은 상황을 그르치기도 하고 노력을 수포로 돌아가게도 한다.

의사가 가장 싫어하는 환자는 '의사의 지시는 따르지 않고 이것 해달라, 저것 해달라 요구하는' 사람이고, 반대로 환자들이 가장 싫어하는 의사는 '아무 설명도 하지 않고 묵묵히 진료만 하고 내보내는 사람이다.'

이것은 환자나 의사가 서로의 역할에 대해 '착각하고 있음'을 설명하고 있다. 의사는 진료만 해 주면 역할을 다하는 것이라고 착각하고 있을 수도 있다. 환자의 입장에서 내 돈 주고 진료받으면서 이것저것 요구할 수도 있다고 생각한다. 결과적으로 서로에게 고통과 실망을 주며 끝내 발길을 돌리게 만들기도 한다.

소통과정에 인간 특유의 불완전함과 착각이라는 변수가 있을 수 있다는 사실을 받아들이는 것이 소통성공학의 첫 단계다. 논쟁이 벌어지면 핏대를 올리기 전에 경청부터 해야 하는 이유가 여기에 있다.

다음은 소통을 방해하는 두 번째 요소인 거짓말, 왜곡, 과장 등에 대해 살펴본다.

수사선상에 오른 부패혐의 정치인들은 검찰에 출두하면서 흔히 "한푼도 받지 않았다"고 말한다. 그러나 이 말을 곧이곧대로 믿는 사람은 거의 없다. 정치인 자신도 그 말을 믿지 않을지도 모른다.

정상적인 커뮤니케이션이라면 '한푼도 받지 않았다'는 주장에 대해 최소한 '그럴 수도 있다'는 정도로 대응해야 한다. 그러나 대부분 '그럴 리가 없다'는 식으로 인식한다. 이는 정상적 커뮤니케이션이 작동되는 원리가 아니다. 부정을 부정으로 받아들이지 않고 정치인의 부정은 '변명이나 거짓'으로 간주하게 되는 데는 이유가 있다.

그것은 그 동안 거짓말을 일삼은 일부 정치인들의 반복된 학습효과 때문이다. 절대 다수의 정치인들이 수사 전에는 '결백'을 주장하다가 수사 후에는 '사과하거나 정계 은퇴' 운운하는 식의 모습을 반복적으로 보여 주었기 때문이다.

심지어 대통령조차도 국민을 상대로 거짓말을 반복했다. 전두환, 노태우 두 전직 대통령의 어마어마한 정치비자금에 대해 '말도 안된다' '제발 검찰이 수사를 통해 누명을 벗겨 달라'고까지 말했다. 노태우 전 대통령은 심지어 "세계에서 가장 잘 참는다는 나도 더 이상 참을 수 없다"며 결백을 주장했다. 그러나 결과는 무엇이었던가.

정치인에 대한 불신, 정치인의 말에 대한 불신의 뿌리는 깊고도 깊다. 과거나 지금이나 거짓과 과장, 축소 등 정직한 커뮤니케이션을 스스로 부정해 왔기 때문이다. 그 결과가 쌓이고 쌓여 정치인의 이미지가 된 것이다.

　정치에 대한 무조건적 혐오증은 곤란하다. 정치인들의 거짓과 부패의 이면에는 일반인들의 부당한 요구와 특혜 등도 끼어 있는 경우가 대부분이다. 현 정치 수준을 현 국민 수준으로 보면 틀리지 않는다. 따라서 손가락질 하기 전에 스스로 반성하고 정상적 소통의 흐름을 복원시켜 놓아야 한다. 정치적 이해관계 때문에 이것을 반복하게 되면 불신이 커지게 되고 결국 소통은 왜곡된다.

　정치분야가 아니고 개인 간의 커뮤니케이션도 마찬가지다. 개인의 신뢰도에 따라 믿음의 강도는 달라진다. 평소 개인 간 신뢰를 구축해온 사람은 소통의 어려움을 느끼지 않는다. 그러나 신뢰의 기반을 상실한 사기꾼이 와서 '새로운 소통'을 시도할 때 매우 간단하게 벽을 내리게 되는 것은 거짓말 때문이다.

　'거짓말쟁이의 최대 비극은 그가 진실을 말해도 더 이상 믿어 주지 않는' 것이다. 이것은 소통의 실패를 의미한다. 조직의 지도자들은 그래서 거짓은 물론이고 과장이나 왜곡도 조심해야 한다. 신뢰의 리더십을 위험에 빠트릴 수도 있기 때문이다.

　이명박 대통령은 '4대강 사업' '세종시 수정안' 등 굵직굵직한 국책사업을 시도하면서 국민에게 말바꾸기로 느껴지도록 했다. 실제로 말바꾸기였고 그 이유를 나름대로 충실하게 설명하려 했지만 성공하지 못했다. 아직 성공과 실패를 논하기에는 이르지만 2010년 6·2지방선거에서 집권당의 실패는 곧 이명박 대통령의 실패라고 할 수 있다. 물론 청와대는 이를 받아들이려 하지 않겠지만 대다수 국민은 이 대통령의 일방통행식 소통방식, 불도저식 밀어붙이기 통치방식에 대해 투표로 심판했다.

홍보의 마술로 소통을 의도대로 만들어 내겠다는 것은 대단히 무리한 발상이다. 거짓이나 과장은 커뮤니케이션의 전제조건인 신뢰를 허무는 적이다. 설득은 인내를 요한다. 이 대통령이 성공한 대통령, 그리고 국민의 지지를 회복하기 위해서는 껍데기 홍보가 아닌 소통의 진정성을 회복해야 한다.

다음은 소통을 방해하는 세 번째 요소로 집단주의에 대해 알아보자.

한국과 서양을 구분하는 여러 가지 기준이 있지만 가장 두드러지는 것 중의 하나가 집단주의 문화다. 서양은 소수의 의견, 개인의 개성을 존중하는 반면, 한국은 집단주의 성향이 강한 만큼 획일성이 보편화돼 있다.

집단주의 문화에도 장단점이 있다. 국가가 어려울 때일수록 이런 집단주의 문화는 매우 강력한 힘을 발휘한다. 개인보다 국가와 민족을 앞세우는 한국인들의 이면에는 집단주의가 한몫 하는 것이다.

문제는 이런 집단주의 문화가 조직의 원활한 소통체계에 도움은커녕 때로는 방해요소가 된다는 점이다. 집단주의는 모두 비슷한 생각을 하고 비슷한 행동을 요구하는 만큼 쉽게 동지가 되기는 하지만, 이를 거스르거나 다른 생각을 하게 되면 즉각 비난의 대상이 된다.

집단주의 문화는 지연·혈연·학연 등을 기준으로 배타적·퇴행적 사회분위기를 조성하기도 한다. 한국 사회의 민주주의 발전에 저해

요소로도 작용하는 것이다.

　집단주의가 무조건 잘못이라는 것은 아니다. 학연·지연 등을 바탕으로 배타적·독점적 체계를 구축하게 되면 사회 정상적 기능과 조직을 마비시키고 나아가 비리와 범죄로 이어질 소지가 다분하기 때문에 문제가 된다.

　폐쇄적 집단주의는 정상적 흐름을 왜곡하고 여론을 거스르게 된다. 소통을 중시하는 지도자라면 이런 집단주의에 대해 단호한 입장을 보여야 한다.

　다음은 소통을 방해하는 네 번째 요소로 권위주의를 살펴보자.

　노무현 전 대통령은 재임 때 "아무 언론도 나를 도와주지 않아 외롭다"고 한 적이 있다. 국민과의 소통에 '실패한 대통령'이라고 스스로 인정한 적도 있다. 청문회 스타 출신, 달변의 스타 국회의원 출신 대통령이 왜 스스로 소통에 실패했다고 했을까.

　이명박 대통령은 취임 후 1년도 지나지 않아 두 번이나 공개적으로 대국민 사과를 해야 했다. 그것도 똑같은 이유로. 국민과의 '소통에 실패했다'는 것이다. 그래서 청와대에 희한한 새로운 직책을 만들었다. 국민소통비서관. 국민과의 소통을 강화하기 위해 전문직책까지 만들었지만 그 후 소통이 나아졌다는 평가는 나오지 않았다.

　대통령의 자리는 본인의 의지와 무관하게 '소통이 단절되는 현상을 체험하게 되는 고독한 성(城)'에 비유된다. 한국 사회 전반에 널리 퍼져 있는 권위주의는 권력기관으로 갈수록 더욱 기승을 부린다.

좌석 배치 하나하나까지 모두 서열과 권위에 따라 나눠진다. 이에 비례해서 발언권의 폭과 범위 또한 제한받게 된다.

청와대라는 권력의 장에서 권위주의가 만연한 회의 분위기를 모른 채 대통령 면전에서 불편하거나 불쾌한 발언을 하게 되면 어떻게 될까. 그것이 옳든 그르든, 정확하든 부정확하든 그것은 중요하지 않다. 특히 비판적 의견을 듣기 싫어하는 권위주의 대통령일수록 소통의 원칙은 위협받게 된다. 그 주변에는 충신보다 간신들이 최고권력자의 심기를 건드리지 않기 위해 노심초사, 일편단심, 소통을 차단한다.

결국 국민의 불만이나 시위가 심화되고 막을 수 없는 상태에 가서야 해외로 망명하거나 부하의 권총에 목숨을 잃거나 국민 앞에 머리를 조아리고 사과하는 시늉을 하게 된다. 사과에 진정성이 있다고 믿는다면 그것도 어리석은 일이다. 일방적 커뮤니케이션에 익숙한 사람들은 상대에 대한 배려 의식 자체가 없다.

권위주의와 권위는 구분돼야 한다. 정당한 권위는 존중돼야 하지만 권위주의는 소통행위를 방해하는 적이다. 일반 기업체에서도 최고경영자가 권위주의를 내세우는 유형이라면 사내 소통은 매우 문제가 많다고 보면 틀리지 않는다. 훌륭한 경영자들은 어슬프게 권위주의를 내세워 참모들의 아이디어나 건의를 묵살하지 않는다. 평소에도 대화의 자리, 소통의 자리를 자주 마련하여 기탄없이 의견을 제시하도록 다양한 통로를 제도화하고 있는 편이다.

일방적 명령체계로 움직이는 군(軍) 집단의 약점은 소통이 원활하지 못하다는 것이다. 계급에 따라 권위주의가 지배하고 그만큼 비례해 발언의 비중도 나눠지기 때문이다. 똑똑한 육군 병장의 훌륭한 제언도 부패한 장군의 무식한 한 마디에 웃음거리로 전락하는 것이 군사회에서는 이상한 일이 아니다.

진지한 논의와 소통을 위해서라면 일시적으로 계급장을 의식하지 않고 논의할 수 있는 분위기를 만들어야 한다. 훌륭한 리더는 참모들의 능력을 극대화할 수 있고 자발적으로 뛸 수 있는 여건을 만들어 주는 사람이다. 이를 위해 듣는 훈련, 상대를 배려하는 소통기술은 필수조건이다. 소통을 방해하는 권위주의는 배척하고 권위는 존중하라.

다음은 소통을 방해하는 다섯 번째 요소인 지적수준과 표현기법에 대해 알아보자.

몇 년 전 실제로 한 법정에서 벌어진 일이다. 판사가 '성추행을 당했다'는 부모의 주장을 심문하는 과정에서 세 살배기 아이에게 직접 질문했다고 한다.

"저 피고인 ○○○이 둔부에 자신의 성기를 접촉하고 수 회에 걸쳐 같은 행위를 반복하던가요?"

"……."

법정이라는 낯선 장소에서 근엄한 판사의 질문을 받은 아이는 손가락만 만지작거릴 뿐 대꾸를 하지 못했다. 이런 미스커뮤니케이션은 일상생활 중에도 종종 발생한다.

운동선수 등 젊은 사람들 사이에서 갑자기 발생하는 심장돌연사에 대해 기자가 전문의에게 질문을 했다. 의사는 매우 정확하게 이렇게 답변했다.

"젊은이들 사이에서 일어나는 심장돌연사에는 여러 가지 원인이 있습니다. 비후성 심근증 35%, 관상동맥 선천기형 21%가 가장 많고, 그 밖에 부루가다증후군, 긴QT증후군 등이 있지요."

전문의의 말을 기자가 이해하지 못한 상태에서 기사작성을 할 수는 없다. 이런 경우, 설명은 했지만 소통은 전혀 되지 못한 것이다. 모두 대학 이상을 나와 지적수준에 문제는 없지만 서로 사용하는 용어와 표현방법이 너무나 다르기 때문이다.

똑같은 국어를 사용하지만 의외로 의사소통이 제대로 되지 않는 경우는 많다. 이런 유형의 소통 실패의 첫 번째 책임자는 바로 화자(話者, speaker) 쪽에 있다. 소통을 시도하는 화자는 청취자(聽取者, listener)의 상태, 즉 연령·지적수준·어휘력 정도 등을 고려해 소통을 시도해야 하기 때문이다.

나는 가끔 지방자치단체나 공기업 등에서 특강을 하는 경우가 있는데, 대상 수와 지식 정도에 따라 주제와 소재, 표현기법을 변화시킨다. 교육 대상이 한꺼번에 300명이 넘을 경우 몇 가지 원칙을 정해 놓는다.

첫째, 어휘를 단순화시키며 어려운 전문용어는 피한다.
둘째, 사례에 등장하는 인물 이름을 두 명 이상 나열하지 않는다.
셋째, 도입부에서 재미있거나 의외의 사례로 시선을 집중시킨다.

넷째, 일부 웅성거림에 민감하게 반응하지 않는다. 다만 서로 협조하는 분위기를 만들도록 유도한다.

다섯째, 박수를 유도하여 일체감을 갖도록 하고 집중력과 긴장감을 의도한 대로 끌어간다. 군중 수가 많을 경우 소통이 어렵기 때문이다. 그만큼 지적수준도 다양하고 연령층도 다양해 고도의 커뮤니케이션 기술이 필요하다.

개인과 개인 간의 대화에서도 상대에 따라 소통 양상은 매우 다양하게 나타난다. 쉽게 소통이 가능한 상대가 있는 반면 집착, 아집, 자만심 등에 빠진 상대와는 소통의 한계를 느끼게 된다. 어린이보다 노인과 대화가 더 어려운 이유는 '듣는 자세'가 다르기 때문이다. 어린이는 일단 열린 자세를 보이지만 노인들은 보편적으로 듣기보다 말하기를 좋아한다. 들어도 잘 받아들이려 하지 않는 경향이 있다.

지적수준과 표현기법은 '화자'가 소통을 위해 반드시 고려하고 다듬어야 할 첫 번째 항목이다. 상대에 따라 화자 스스로 눈높이를 조절할 능력이 없거나 그런 의식조차 없다면 소통은 실패에 가깝다. 전문지식을 갖추는 것과 소통기법을 터득하는 것은 별개의 문제다. 아는 것과 전달하는 것도 반드시 일치하지 않는다. 상대가 지식인이든 그렇지 않든, 어린이든 노인이든 대상과 무관하게 소통을 성공시키려면 상대의 눈높이에 모든 것을 맞추는 정성이 필요하다.

다음은 소통을 방해하는 여섯 번째 요소, 편견이나 선입관에 대해 알아보자.

인간은 누구나 편견이나 선입관을 갖고 있다. 이 기본 사실을 부정하면 소통은 어려워진다. 자신이 처한 환경과 경험, 가치관 등이 혼합된 사고방식으로 세상을 보고 판단하는 경향이 있기 때문이다.

일전에 교육방송 '인간의 두 얼굴' 편에서 재미있는 실험을 방영한 적이 있다. 인간의 편견과 선입관이 얼마나 심한가를 보여 주는 좋은 사례였다. 이 프로그램은 똑같은 젊은 남성을 한 번은 '티셔츠 차림의 평범한 모습'을 보여 주고 젊은 여성들에게 신랑감과 연봉, 직업 등을 연상해 답변하도록 했다. 여성들의 반응은 신통치 않았다. 신랑감으로 10점 만점에 3,4점을 오르내리는 평균 이하였다.

그러나 똑같은 젊은 남성을 이번에는 '멋진 양복과 헤어스타일 등 분장한 모습'으로 변신시켜 같은 질문을 던졌다. 놀라운 반응을 보였다. 우선 직업을 대부분 의사, 변호사 등 전문직으로 추정했다. 연봉도 1억 원이 넘을 것이라고 답변했다. 신랑감으로 10점 만점에 8,9점을 오르내렸고 심지어 10점 만점을 준 경우도 있었다. 소통을 제대로 하기 전에 이미 선입관이 크게 영향을 미치고 있음을 알 수 있다.

외모지상주의 사회에서 충분히 있을 수 있는 일이라고 답변할 수 있다. 문제는 이런 현상이 곳곳에서 벌어지고 있다는 현실이다. 지방대 학생과 서울의 유명대학교 학생이 똑같이 1차 필기시험을 치르고 면접에 들어가면 면접 그 자체로 채점해야 하지만 가끔 대학교 이름에 대한 선입관 때문에 결과가 달라지기도 한다.

아이들에게 흉악범의 얼굴을 그려보라면 매우 험악하게 그린다. 반면에 서양 아이들은 평범한 얼굴에 무기를 손에 쥐는 형태로 그린다고 한다. 흉악범이라면 전형적으로 악마같이 생겼으리라는 선입관 때문이다. 하지만 대개 평범한 이웃사람처럼 생겼다. 이런 잘못된 선입관이 상황 판단을 그르치는 요인이 될 수도 있다.

잘생긴 사람에게 호감을 갖고 높은 점수를 주는 반면 좀 못생긴 사람은 남녀를 불문하고 낮은 점수를 주는 것도 잘못된 선입관이다. 멀쩡하게 생겼지만 병든 인간이 매우 많으며, 미남형은 아니지만 가슴이 따뜻한 사람, 신뢰할 만한 사람도 많다.

특히 편모 편부 슬하에서 성장한 사람에 대한 인식, 해외입양인들에 대한 까닭없는 폄하 혹은 비하, 다문화 가정 자녀들에 대한 이유 없는 냉대 혹은 차별…. 한국인들은 외국인들에 대해 특히 이중적인 잣대를 들이댄다.

서양인들에 대해서는 '영어를 잘 못한다' 는 이유 하나만으로 스스로 부끄러워하고 괜히 주눅들어 한다. 이런 행태가 서양에 어학연수를 가서 자기 돈 내고도 당당하게 요구하지 못하는 모습으로 나타난다. 사회와 미디어가 만들어 낸 잘못된 선입관의 산물이지만 이런 내용조차 알지 못한다.

그러나 이런 행태가 동남아 사람들에 대해서는 전혀 다른 모습으로 나타난다. 쉽게 무시하고 욕도 함부로 하고 심지어 폭력도 행사한다. 외국인에 대한 잘못된 선입관이 이런 현실을 초래하는 것이다. 물론 여기에는 당사자들의 무식과 무지가 함께 한다. 이런 선입관은 정상적인 소통을 방해하는 법이다.

인간은 이성적으로 이런 선입관은 잘못된 것이라고 이해하면서 실제 행동은 그렇게 하지 않는다. 불완전한 인간이 선입관의 포로가 돼 있는 모습은 종종 나타난다. 자신도 그렇게 희생양이면서 동시에 가해자 역할을 기꺼이 해낸다. 여기에 비극이 있다. 스스로 나의 선입관 중 고쳐야 할 것은 무엇이 있는지 자성해야 한다.

원활한 소통을 막는 요소는 나 자신의 문제점을 포함해서 주변의 왜곡 요소와 함께 널려 있다는 표현이 맞다. 고함을 지르고 싸움까지 하는 이유는 어떤 형태로든 소통에 실패했기 때문이다. 소통력을 높이기 위해 저해요소들을 미리 점검하고 오류에 빠지지 않도록 자신을 훈련, 교육시켜 체득하는 것이 매우 중요하다. 특히 지도자가 되고 싶은 사람, 성공한 리더가 되기를 희망한다면 이는 반드시 강조돼야 할 사항이다.

열정을 키워라

● 열정은 성공 확률을 높여 준다
● 리더가 되기 위한 5가지 방법

가난한 집안에 태어난 한 아이가 있었다. 그는 이상하게도 과학분야에 관심과 열정이 넘쳐났다. 런던의 한 가게 점원으로 일하면서도 과학서적을 읽는 데 심혈을 기울였고, 독학으로 공부했다.

어느 날 그는 유명한 화학자 험프리 데이비의 강연을 듣고 크게 감명을 받은 후 그에게 편지를 보냈다.

"선생님 밑에서 과학을 공부하며 일할 수 있게 해 주세요."

소년의 편지를 받은 데이비는 친구와 의논했다. 그랬더니 친구는 "우선 그에게 빈 병 닦는 일을 시켜보게. 그런 일을 시시하게 여기고 못하겠다고 거절하는 사람이면 쓸모가 없네"라고 제의했다.

데이비는 편지를 보낸 소년에게 "그런 일을 해 보겠느냐"고 답장을 보냈고, 소년은 바로 그날부터 빈 병 닦는 일에 최선을 다했다고 한다. 이를 지켜본 데이비는 그를 조수로 채용했고, 소년은 전자기학의 세계적인 대부가 된 마이클 페러데이라고 한다.

열정은 욕망, 욕심, 의지력, 성취욕구 등으로 표현할 수 있다. 열정이 공부로 나타나는 학생들은 학교 성적이 좋지만, 다른 분야로 나타날 경우 성적은 좋지 않을 수 있다.

성적이 별로 좋지 않은 편이면서도 성공가도를 달리는 사람들의 공통점은 자신의 흥미분야에 관한 한 누구보다도 열정이 대단하다는 것이다. 열정, 욕심, 성취욕구는 성공의 핵심요소다. 열정을 잃은 사람은 걸음걸이나 표정에서 이미 의욕도 자신감도 찾기 힘들다. 사람을 기운차게 즐겁게 움직이는 힘은 바로 열정에서 나오기 때문이다.

한 학생이 있었다. 그는 공부도 책읽기도 싫어했다. 학원에도 흥미를 느끼지 못했고 개인지도를 맡겨도 선생님이 그만두고 갈 정도로 심각했다. 당연히 학교 성적은 하위권을 맴돌았다. 다행히 노래부르기, 그림그리기는 좋아했다. 꿈이 가수라서 그런지 노래에 대한 열정만큼은 대단했다. 대학가요제 등에 출전했고 지역축제에도 지속적으로 참가해서 크고 작은 상을 받곤 했지만 스타로 발돋움하기는 쉽지 않았다.

가수에 대한 꿈을 접은 것은 아니지만 그림을 바탕으로 한 디자인의 꿈을 키워 나갔다. 그렇게 책을 보지 않던 그가 디자인 관련 책은 외국것까지 열성적으로 챙겨 봤다. 아직도 성공이라고 할 수는 없지만 그는 세계적인 패션 디자이너가 되겠다는 열정 하나로 노력하고 있다. 공부는 책상에 앉아 10분을 버티기 힘들어했지만 자신이 열정을 가진 분야에 대해서는 밤을 새워가며 작업을 하는 식이다. 그 결과는 알 수 없지만 노력하는 과정을 보면서 성공궤도에 올라섰다는 생각이 들었다.

중요한 것은 각자 어떻게 자신의 열정을 쏟아부을 분야를 찾아내느냐에 달려 있다. 여기서 경계해야 할 점은 스스로 '나는 특별한 분야에 특별한 재능도 열정도 없다'고 단정하고 포기하는 것이다. 세상은 이런 사람들을 패배자라고 부른다.

'바람의 딸' 한비야 씨처럼 봉사에 열정이 있는 사람, 노래부르는 일이라면 만사를 제쳐놓고 나서는 설운도 씨 등 특정 분야에서 열정을 갖고 꾸준히 노력한 사람들은 성공의 영광을 안았다. 따라서 남의 눈치를 볼 것은 없다. 자신의 취향과 잠재력, 능력, 소질 등에 보다 철저해져야 한다. 무엇이 나의 가슴을 뛰게 하는가. 이를 찾는 것만으로도 성공의 반은 달성한 것이다.

열정이 있는 사람들은 사회와 주변에 영향을 미친다. 열정은 차가운 사회, 냉정한 사회를 따뜻하게 밝혀 주는 힘이다. 각 개인의 능력을 극대화하고 이것이 사회에 따뜻한 기운과 영향력으로 퍼져 나가게 한다. 열정은 종종 사랑을 동반하게 된다. 메이저리그에서 활약한 박찬

호 투수는 야구에 대한 열정과 사랑이 어떤 것인지 잘 보여 주었다.

　인당 백낙환 박사는 사람에 대한 사랑과 열정을 교육과 의료를 통해 평생 실현해 내고자 했다. 인간 생명에 대한 사랑과 의술에 대한 열정은 그에게 성공의 영예를 안겨주었다. '높은 산처럼 많은 사람들이 우러러보게 하고 큰 길처럼 많은 사람이 따르게 한다'는 공자의 모습이 그에게 오버랩 된다.

　열정은 나이와 무관하다. 일에 대한 열정, 욕구가 넘쳐나면 나이와 상관없이 성공확률은 높아진다. 다만 지나친 열정 때문에 실수나 시행착오는 있을 수 있지만 그런 것에 흔들리지 않을 수만 있다면 열정은 성공의 원동력이라고 할 수 있다.

　열정은 종종 욕심과 치환될 수 있다. 욕심이 많은 사람이 없는 사람보다 성취동기가 더 확실한 법이다. 과욕이 상황을 망치는 경우가 있지만 보편적으로 욕심을 갖는 자체를 백안시할 필요는 없다. 욕심이 있어야 보다 더 움직이고 노력하며 자신의 잠재력을 극대화시킨다. 열정, 욕심, 의지력 등은 다른 표현이지만 같은 선상에서 종종 동일하게 표현되기도 한다. 성공을 원한다면 특정분야의 열정을 찾고 식지 않도록 자극을 줘야 한다. 열정이 가슴속에 요동치는 한 성공도 함께 하고 있음을 기억하자.

[라이트 형제] 날 수 있어~! 해 보는 거야~!!"

'새처럼 하늘을 훨훨 날 수 있다면 얼마나 좋을까?'

비행기가 발명되기 전에 사람들은 누구나 한 번쯤 이런 생각을 해 보았을 것이다. 그만큼 하늘을 난다는 것은 인간의 오랜 꿈이었다. 그런 오랜 불가능의 벽을 깨고 비행기를 만든 것은 바로 라이트 형제, 형 윌버 라이트와 동생 오빌 라이트다.

그들 형제가 비행기에 관심을 갖게 된 것은 1879년 아버지로부터 장난감 비행기를 선물받고부터였다. 장난감 비행기를 갖고 놀면서 그들은 하늘에 대한 꿈을 키웠던 것이다.

1899년 라이트 형제는 반가운 사실을 알아냈다. 국립정보자료센터 인 미스소니언협회라는 곳에서 각종 정보 및 자료를 제공하고 있다 는 것이었다.

라이트 형제는 곧 편지를 띄웠다. 그리고 그때까지 알려진 비행에 관한 정보와 자료를 요청했다. 자료를 검토한 그들은 중요한 것은 기체 구조나 엔진에 있는 것이 아니라 조종술임을 알게 되었다. "오 빌! 기체가 좌우로 기울었을 때 좌우의 날개 면이 휘는 것에 변화를 주면 떠오르는 힘에 차이가 생기게 돼. 그 기우는 차이를 고칠 수 있는 방법만 찾아내면 되는 거야."

그리고 그들은 곧 그 방법을 알아내는 데 성공했다. 1900년 어느 날, 드디어 그들 형제는 글라이더의 비행 실험을 시작했다. 그들 형제가 만든 글라이더는 엔진이나 프로펠러가 장치되어 있지 않았다. 바람을 타고 날기 때문에 마음대로 날 수 없었던 것이다.

라이트 형제는 가벼운 엔진을 만들기 위해 연구를 시작했다. 이 연구는 3년이나 계속되었다. 라이트 형제는 온갖 고난을 이겨내고 12마력의 가벼운 엔진을 만드는 데 성공했다. 그들의 비행기에는 하나의 엔진이 두 개의 프로펠러를 돌리도록 장치되었다.

마침내 세계 최초의 비행기를 만든 라이트 형제는 시험 비행을 계획했다. 비행 일자는 1903년 12월 17일, 장소는 마을 앞 평야로 정했다. 그러나 초청장을 받은 사람들의 반응은 냉담했다. 결국 그들 형제의 시험 비행에 참석한 사람은 겨우 5명이었다.

드디어 시험 비행이 시작되었다.

"야! 비, 비행기가 날아간다!"

숨을 죽이고 지켜보던 관중들은 일제히 함성을 질렀다. 비행기는 윌버의 신호에 따라 오빌이 조종하고 있었다. 비행기는 지면을 떠나 3미터 높이로 뜨더니 100미터쯤 날아갔다. 그리고 평원에 가볍게 착륙했다.

"와! 성공이다! 라이트 형제가 드디어 해냈다!"

5명의 구경꾼들은 서로 얼싸안고 덩실덩실 춤까지 추었다. 하물며 라이트 형제의 기쁨이야말로 표현할 수 없었겠지만 말이다.

글 : 왕연중(한국발명문화교육연구소장)

http://www.ideakeyword.com

:: 리더가 되기 위한 5가지 방법

첫째, 항상 지식에 굶주려 있어야 한다.

당신이 리더가 되기 위해서 가장 중요한 요건 중 하나가 바로 충분한 지식이다. 무언가를 배워 나간다는 것 자체가 얼마나 흥미진진한가. 내가 모르고 있는 무언가를 배워 나가는 그 뿌듯함. 그 성취감.

당신 자신이 가지고 있는 지식을 유용하게 활용하는 것도 무척 중요하겠지만 성공하기 위해서는 가지고 있는 더듬이를 항상 세워 놓아야 한다. 먹이를 찾는 더듬이처럼 새로운 지식에 대한 지적 갈망이 있어야 한다. 또한 어떤 한 가지 지식만으로도 성공한 사례가 많지만 리더가 되기 위해서는 다방면의 지식이 큰 역할을 하므로 여러 가지 경험을 쌓아야 한다.

둘째, 책임을 지려는 마음가짐이 필요하다.

리더가 되기 위해서는 사회생활에서 인정을 받아야만 한다. 그러려면 맡고 있는 일에 대한 책임감은 필수다. 한번 시작한 일은 자신이 밤을 새워서라도 마칠 줄 아는 책임감이 필요하다.

물론 일에서의 책임감뿐만 아니라 사람관계에서도 책임을 질 줄 알아야 한다. 말과 행동에 대한 책임, 어쩌면 일 관계에서보다 더 중요한 일이 말과 행동에 대한 책임일지도 모른다. 화끈한 말과 행동 및 그에 맞는 책임도 함께 병행한다면 당신은 남들보다 한 발 가까이 성공에 다가간 것이다.

셋째, 가끔은 주변에 따뜻한 눈길을 줘라.

직장에서는 여러 관계의 사람들을 만날 수 있다. 높은 직급의 상사부터 일반 단순업무를 보는 아르바이트생까지. 바쁜 사회생활을 하다 보면 상사와의 일처리만으로도 힘든 하루를 보낸다. 하지만 가끔 당신보다도 낮은 위치에 있는 사람과 따뜻한 말 한 마디라도 나눠라. 당신의 따뜻한 말 한 마디가 앞으로의 협력자를 만드는 것이다.

리더는 혼자 되는 것이 절대 아니다. 주변 사람들의 협조 없이 혼자 이루어 낼 수 있는 일이 절대 아니다. 만일 혼자 힘으로 리더의 위치에 올랐어도 그 자리를 지키기 위해서는 낮은 위치에 있는 사람의 협력이 절대적이다.

넷째, 신속한 결단력이 필요하다.

아무리 관련 지식이 풍부하고 인간관계가 좋다고 해도 신속한 결단력 없이는 리더가 될 수 없다. 신속한 결단력이야말로 일의 중심에 있는, 인원 관리를 해야 하는 리더에게 매우 중요한 사항이다.

앞에 고지를 남겨 두고 결정을 못 내린다면 일을 시작한 것만도 못한 결과를 낳을 수 있다. 또한, 리더가 결단을 신속하게 내리지 못한다면 당연히 그 밑에 있는 사람의 판단도 흐려질 수밖에 없다.

다섯째, 작심삼일을 두려워하지 말자.

계획하는 습관을 가지자. 하루 일을 계획하고 인생의 순차적인 절차도 계획하자. 그러나 대부분의 계획들은 작심삼일로 끝나고 만다.

작심삼일로 그친 계획들을 보며 한숨을 짓지만 그리 나쁜 일만은 아니다. 자신의 계획이 왜 작심삼일로 끝나고 마는지를 깨달으면서 다시 계획을 세운다면, 그것이 작심삼일이라도 당신에게는 좋은 경험이 될 것이다. 사흘에 한 번씩 작심삼일을 반복해서 한다면 당신은 계획성 있게 자신의 일을 해 나갈 수 있다. 삼일 동안의 노력이 쌓이고 쌓이면 일년, 십년의 계획이 되므로 계획을 세우는 데 노력해야 한다. 지금부터라도 리더가 되기 위한 계획을 세워 보는 건 어떨까.

출처 : 팟찌닷컴

자기억제력을 발휘하라

● 자신을 억제하는 데도 훈련과 연습이 필요하다
● 자기통제력을 강화시켜 주는 10가지

불완전한 인간에게 자기억제력은 매우 갖추기 힘든 것이다. 인간이기 때문에 분노하고 탐닉하며 술과 담배를 끊지 못한다. 자기억제력은 스스로 자신을 어떤 상황에서든 통제하고 조절할 수 있는 힘을 말한다.

인간은 감정의 동물이므로 때로는 자기 감정을 다스리기가 매우 어렵다. 특히 분노를 제대로 다스릴 수 있는 사람은 대단한 내공을 쌓은 소수에 불과하다.

이 책에서 자기억제력이란 표현은 보다 포괄적 의미를 가진다. 탐욕, 과장, 화, 경솔, 범법행위 등 자기억제력 부재에서 발생하는 대부분의 비극과 사고는 인생 실패로 직결된다.

성공한 사람들도 자기 분야에서 성공했다는 것뿐이다. 이 성공을 잘 유지할 것인지 여부는 자기억제력에 좌우되는 경우도 종종 있다. 자기억제력이 뛰어난 사람들은 자기수양, 자기훈련이 잘 된 사람들이다. 자신의 명예를 소중히 여기고 타인을 존중하며 상생의 정신을 중시하는 사람들은 자기억제력 혹은 자기통제력 훈련이 잘 된 성공한 사람들이다.

여러 유형의 실패한 사람들의 공통점은 바로 자기통제에 실패했다는 것을 볼 수 있다. 일순간의 분노를 참지못해 살인범이 된 사람, 일확천금의 유혹에 빠져 가산을 탕진한 사람, 뇌물의 마력에 빠져 고위직에서 쫓겨난 사람, 경솔하게 욕설까지 내뱉는 장관들, 폭탄주에 찌든 정치꾼들, 하나같이 자기훈련이 제대로 되지 않은 실패한 군상들의 모습이다.

성공한 사람들조차도 좌절과 시련 속에서 돌파구를 찾지 못하고 극단적 선택을 하는 이면에는 자기억제력, 자기통제력 상실 때문이다. 자기통제력도 훈련과 연습이 필요하다. 이 세상에 어려운 기술일수록 저절로 되는 것은 없다.

성공을 한순간에 실패로 만들고, 재산을 한줌의 재로 만들 수 있는 것도 인간이며 그런 실패의 공통분모를 찾아가 보면 자기통제 상실을 발견하게 된다. 운동을 하다보면 특정기술을 익히기 위해 시간과 노력이 필요하듯 자기통제력 강화도 일정 부분 시간과 노력을 통해 연마해야 한다. 비슷한 상황에서 한 사람은 분노로 자기통제를 상실하는가 하면, 또 다른 사람은 자기통제 범위 안에서 움직인다. 이것은 우연이 아니고 자기통제 훈련의 결과 차이에서 나온다고 본다.

사회적 지위가 올라갈수록 자기통제, 자기훈련이 필요하다. 이런 준비가 안 된 사람들은 그런 지위와 직책이 주어지더라도 소화해 낼 수가 없다. 결국 도중하차하든가 자리를 보전하면서 그 조직을 망쳐 놓든가 선택의 범위는 넓지 않다.

한 기자 출신이 특정후보 캠프에서 활동한 후 공기업의 장으로 자리를 옮겼다. 공기업 장에 어울리는 몸가짐, 마음가짐, 커뮤니케이션 스킬 등이 준비되지 않아 취임부터 말썽을 일으키기 시작했다. 그는 회의석상에서 욕설 등 막말도 서슴지 않았다고 한다. 자신을 위해 뛰어야 할 '1급 참모'들을 회의석상에서 공개적으로 망신 주는 것을 예사로 알았다.

노골적인 감정표현을 일삼았던 그는 참모들은 물론 구성원들의 협력을 얻어내는 데 실패했다. 그는 조직을 장악할 수도 없었고 성과는 커녕 조소와 냉대 속에 낙하산 인사의 비극을 고스란히 국민의 부담으로 돌렸다고 한다.

자기감정 다스리는 훈련이 되지 않은 사람, 스피치 기본훈련이 되지 않은 사람이 조직의 장으로 가게 되면 성공보다 실패가 가깝다. 자기통제가 안 된다는 것은 조직 통제 불능으로 이어진다. 성공한 사람일수록 예의를 알고 머리를 숙이는 모습은 우연이 아니고 그렇게 해야 한다는 것을 체득했기 때문이다.

절제는 자기통제의 또 다른 표현이다. 모든 리더에게 필요한 공통 요소의 하나가 바로 자기절제, 자기통제다. 성공을 원한다면 직장에서 가정에서 친구 간에도 자기통제력을 발휘해야 한다. 설혹 조금 기분나쁘더라도, 2차 권유가 있다 하더라도 이를 슬기롭게 잘 극복하는 힘은 자기통제력에서 나온다.

:: 자기통제력를 강화시켜 주는 10가지

1. 사소하거나 작은 것에서부터 시작한다.

2. 일단 목표를 세웠다면 지키기 위해 노력한다.

3. 성공했을 때 자신을 격려한다.

4. 실패했을 때 무슨 이유 때문인지 분석하여 기억한다.

5. 통제가 어려울 것으로 판단되면 아예 시작조차 하지 않는다.

   (술, 담배는 자기통제가 어려울 것 같아 원천봉쇄 전략으로 나간다.)

6. 강의중 어쩌다 화가 날 때 이를 극복하기 위해 잠시 숨을 고르거나 다른 곳을 한참 쳐다보는 식으로 조절한다.

7. 화를 낼 만한 상황에서 강적을 만났다고 판단되면 '마지막 훈련상대'로 간주하여 '그래도 화는 내지 않겠다'는 자세를 유지한다.

8. 나도 모르게 화를 내고 있다면, 깨닫는 즉시 목소리를 바꾸고 분위기 전환을 위해 노력한다.

9. 화가 난 상태로 마무리되지 않도록 상황을 수습한다.

10. 화를 냈다는 것은 이미 나는 실패했다는 의미이기 때문에 상대에게 무조건 사과한다.

제2장

성공에 대하여

어제의 성공이 오늘의 성공을 보장하지 않는다. 또한 오늘의 실패가 반드시 내일의 실패를 의미하지는 않는다. 성공은 다양한 얼굴로 성실히 준비하는 사람에게 다가오지만 오만한 사람에게서 멀어져 가는 법이다.

1. 성공이란 무엇인가

● 성공은 다양한 얼굴로 성실히 준비하는 사람에게 다가오지만
오만한 사람에게서는 멀어져만 간다

　성공에 대한 설명을 하기 전에 분명하게 해 두고 싶은 것은 성공의 정의를 가지고 왈가왈부하고 싶지 않다는 점이다. 그것은 각 개인에 따라 다양한 설명이나 해석이 가능하기 때문이다. 또한 성공에는 변수도 많고 오늘의 성공이 내일의 실패를 의미할 수도 있다.

　성공의 사전적 정의는 '목적을 이룸' '사회적 지위를 얻음' 등으로 설명하고 있다. 이 책에서 의미하는 성공의 개념은 보다 포괄적이다. 개인적 성취는 물론 가정의 행복, 직장의 승진, 입사시험 합격 등 세속적인 내용들을 모두 포함하고 있다.

　인간이 태어나 추구하는 행복, 즐거움, 보람, 성취, 금전적 이익 등은 성공의 개념과 직결된다. 성공을 무엇으로 정의하든 모두가 꿈꾸는 그것이 바로 성공이다. 성공의 실체는 비교적 분명하지만 상황에 따라 매우 변화무쌍하다는 특성도 있다.

어제의 성공이 오늘의 성공을 보장하지 않는다. 또한 오늘의 실패가 반드시 내일의 실패를 의미하지는 않는다. 성공은 다양한 얼굴로 성실히 준비하는 사람에게 다가오지만 오만한 사람에게서 멀어져 가는 법이다.

'성공했다'는 평가를 받는 사람도 한순간에 실패자로 낙오하는 모습을 쉽게 본다. 신문과 방송에서 전하는 극적으로 성공한 사람과 실패한 사람들의 얼굴을 보라. 때로는 박수를 보내고 때로는 실망의 한숨을 쉬는 이면에는 성공과 실패가 매우 가까이 있음을 알게 된다. 성공과 실패는 때로 한 몸처럼 밀접한 관계를 맺고 있다.

성공은 불완전한 개념이다. 이 책에서도 성공이란 일정한 시점에서 내리는 일시적 평가일 뿐이다. 성공하다 실패하는 사람을 실패자로 부르듯, 실패하다 성공한 사람을 성공인으로 부를 수 있다. 성공을 거듭하는 사람은 대단한 사람이다. 이들은 성공의 법칙을 알기 때문에 쉽게 실패에 빠지지 않는다. 새로운 도전으로 좌절할 수는 있지만 그것조차도 매우 제한된 범위 안에서 이루어지기 때문에 근본이 흔들리지는 않는다.

'자신이 원하는 것이 무엇이든 그것을 이뤘다면 그것을 성공'이라 부르고자 한다. 그 꿈과 목표는 개인마다 다르지만 그것을 성취하는 과정에서 요구되는 인내와 집중력, 성실함 등은 크게 다를 바 없다. 성공의 개념이 추상적이고 모호하지만 누구나 희망하고 추구하는 것은 분명하다. 따라서 성공은 각자 바라고 원하는 것을 이루기 위해 나가는 과정과 성취 등을 포괄하는 정도로 정의하고자 한다.

성공학의 선구자 '나폴레옹 힐'은 '삶에 필요한 10가지 도구'라는 지침에서 성공을 위해 무엇을 어떻게 생각하고 준비해야 하는지 설명했다.

:: 삶에 필요한 10가지 도구

1. 올바른 지식 : 인생을 항해하는 데 필요한 도구를 제공한다.

2. 지혜 : 자신의 존재와 현재를 발견하는 데 유용하도록 과거에 축적된 지식을 사용할 수 있다.

3. 동정 : 자신의 사고방식을 견지하면서, 자신과 다른 사고방식을 가진 사람들과 같이 활동할 때, 그들을 부드럽고 이해심 있게 받아들이다.

4. 조화 : 인생의 자연스러움을 받아들이게 해 준다.

5. 창조성 : 자신의 인생 항로가 곤란에 처했을 때 다른 일로 인도하거나 새로운 길을 찾게 해 준다.

6. 건강 : 두려움에 대항해 싸울 수 있는 힘을 주고, 어떤 확증이나 보수 없이도 모험을 걸 수 있게 한다.

7. 평화 : 자신을 안정되게 해 준다.

8. 기쁨 : 항상 즐겁게 노래하고, 웃고 춤출 수 있게 한다.

9. 사랑 : 자신을 가장 높은 수준으로 도달하게 하는 영원한 지침이 된다.

10. 통합 : 모든 일을 하나가 되는 곳으로 되돌아가게 해 준다.

2. 성공지수(SI, Success Index)

● 성공잠재지수와 성공개발지수
● 성공지수를 활용하는 4가지 방법

성공지수는 각 개인이 성공에 필요한 잠재력, 노력 정도, 목표를 위한 열정, 집중력 등을 구체적 수치로 알아보기 위한 것이다. 이 성공지수를 어떻게 개발해 내는지는 더 많은 연구와 노력이 필요하지만 나름의 방식으로 접근해 보고자 노력했다.

먼저 서양에서는 성공지능지수(Success Quotient)라고 해서 심리학에서 연구되고 있다. 헤른스타인 하버드대 심리학과 교수의 연구 결과에 따르면, IQ가 직업현장에서의 성취도에 미치는 영향력은 10%도 되지 않는다고 한다. 성공과 IQ와의 연관성은 미미할 뿐만 아니라 IQ가 높다는 것이 성공을 의미하는 것은 아니라는 설명이다.

예일대 로버트 스텐버그 심리학과 교수는 기존의 IQ가 성공을 예측할 수 없는 이유를 찾아내고 성공을 예측할 수 있는 새로운 지능개념을 만들어 냈는데, 이것이 성공지능지수(SQ)다. 여기에 대한 자세한 설명은 〈1%만 바꿔도 인생이 달라진다〉는 책에 나와 있다. 주요 내용을 인용하면 다음과 같다.

스텐버그 교수는 성공지능지수의 세 가지 요소를 분석적 능력, 실천적 능력, 창의적 능력으로 설명했다.

첫째, 분석적 능력에는 기억력이나 지식의 정도, 논리적 사고력과 비판능력 등 기존의 IQ검사에서 측정하고 있는 능력들이 포함된다. 분석적 능력은 지식이 중요한 비중을 차지하는 공학이나 법학 또는 의학분야에 매우 결정적인 역할을 한다. 외국어를 유창하게 구사하기 위해서는 반드시 사실적 지식이 필요하다. 그야말로 '아는 것이 힘'이다. 그러나 지식이 많다고 해서 모두 성과를 내는 것은 아니다.

영화 〈레인맨〉의 실제 주인공인 킴 피크는 생후 15개월에 이미 책 한 권을 읽었고, 세 살 때는 사전 한 권을 통째로 외웠다. 또한 그는 두 권의 책을 동시에 읽는가 하면, 책을 거꾸로 들고 읽거나 다른 사람과 대화하면서도 책을 독파하는 능력을 갖고 있고 지금까지 7,800여 권의 책을 외웠다. 그러나 그는 특별한 신체적 장애가 없는데도 면도나 옷입기 등은 혼자 힘으로 하지 못한다.

정말로 중요한 것은 얼마나 많은 지식을 가지고 있느냐가 아니라 그 지식을 어떻게 활용하느냐다. 분석적 지능을 잘못하면 '아는 것이 힘'이 아니라 병이 될 수도 있다. 아주 높은 IQ를 갖고 있는 사람은 종종 분석 능력을 지나치게 믿기 때문에 오히려 실패한다. 지식과 분석 능력은 그것을 적용해서 뭔가 성과를 낼 수 있을 때 가치가 있다. 성공지능이 높은 사람들은 분석적 능력을 적절하게 활용하는 방법을 알고 있다.

둘째, 실천적 능력이다. 마케팅 전공교수 중에 최고의 마케팅 업적을 남긴 경우는 별로 없다. 경제학 교수라고 해서 떼돈을 번 경우 또한 별로 없다. 이론과 실천이 다르기 때문이다. 실천적 능력이란 일상적인 삶 속에서 그때그때 상황에 적절하게 지식을 적용해 최선의 해결책을 찾아내는 능력을 말한다. 자연에서는 가장 지능이 높다거나 가장 체구가 큰 존재라는 것만으로도 생존을 보장받을 수는 없다. 단지 환경에 적절하게 적응할 수 있는 개체만이 생존할 수 있다. 이런 적자생존의 원리는 시장경제에도 적용된다. 최고의 제품이 언제나 가장 잘 팔리는 것은 아니다. 시장의 요구에 부응할 수 있는 제품만 경쟁에서 밀리지 않는다.

셋째, 창의적 능력이다. 성공하려면 보통 사람들과는 다른 방식으로 정보를 수집하고 다른 방식으로 분석하며 다른 방식으로 행동해야 한다. 이것이 바로 차별성이며 창의적인 능력이다. 유능한 과학자, 훌륭한 예술가와 발명가, 최고의 부자들은 하나같이 보통사람들과는 다른 시각으로 세상을 본다고 한다.

이런 연구들을 바탕으로 나는 개인의 성공 가능성을 점검해 보기 위해 나름의 성공지수를 개발하고 있다. 아직 진행 중이지만 성공지수를 크게 성공잠재지수와 성공개발지수로 나눠 정리하고자 한다.

1) 성공잠재지수 (SPI, Success Potentiality Index)

성공잠재지수란 각 개인이 아직 개발되지 않은 ▲자기 안의 내재된 성공 의지와 타고난 지능적·신체적 강점 혹은 약점 ▲자신이 처한 교육환경 ▲우수한 지도자와의 접근성 ▲부모의 교육열 등을 수치화한 것이다. 이 네 가지 요소를 포함하는 성공잠재지수를 통해 자신의 환경적·태생적 성공 가능성과 잠재력을 알아보는 것이다.

첫째, 자신의 타고난 지능적·신체적 강점 혹은 약점

어려서부터 매사에 자신감/우월감을 보이거나 열정이나 적극성을 보이는 것은 바로 성공잠재지수가 높다고 표현할 수 있다. 미모가 수려하거나 강인한 체력을 타고났거나 등은 자신의 의지와는 무관한 부분으로 성공의 튼튼한 밑바탕이 되기도 한다.

어리지만 벌써 자기억제력 혹은 인내심, 도전정신을 보여 주는 아이들은 어느 정도 성공 잠재력을 타고난 것으로 본다. 이것이 물론 절대적인 것은 아니지만 태생적 장단점도 무시할 수 없는 요소라는 점을 인정할 필요가 있다.

둘째, 자신이 처한 교육환경 혹은 교육 여건

날이 갈수록 교육환경이 매우 중요해지고 있다. 어디서 어떤 교육환경에 태어났느냐는 승부를 가르는 하나의 변수로 등장하기 시작했다. 더 이상 '개천에서 용 난다'는 식의 깜짝 스타는 찾기가 어렵다.

부모가 교육 여건이 더 나은 곳으로 찾아가는 데는 그만한 이유가 있기 때문이다. 인간은 환경의 산물이라는 말도 인정해야 할 것 같다.

셋째, 우수한 지도자, 스승에 대한 접근성

한 인간이 성장하고 성공을 이루는 데는 지도자, 선생님 누구를 언제 만나느냐는 매우 중요하다. 성공한 스타, 기업가, 직업인 뒤에는 항상 그를 이끌어 준 지도자가 있다. 적시에 좋은 지도자를 만나게 되면 체육인은 물론 예술인, 직장인 등도 성공가도를 달리게 된다. 반대로 훌륭한 지도자를 만날 수 없는 환경이나 경제적 여건이라면 그만큼 성공은 어려워지는 법이다.

넷째, 부모의 교육열과 지원 여건

한 개인이 성장하는 데 첫 번째 지도자이자 영원한 스승 역할을 하는 사람은 다름아닌 부모다. 부모가 어떤 교육열을 갖고 있으며 아이의 잠재력과 적성을 어떻게 파악하여 이끌어 주느냐는 성공과 직결된다. 여기서 부모의 경제적 뒷받침은 점점 더 중요시되는 경향이 있다. 부모의 경제력이 학생의 경쟁력이 되는 시대를 부인할 수 없다. 그만큼 자녀의 성공 여부는 부모의 보살핌이 절대적이라는 뜻이다.

물론 이런 성공잠재지수보다 교육과 훈련을 통해 나타나는 성공개발지수가 더 중요하다고 본다. 그러나 이런 잠재적 능력도 성공을 판단하는 데 무시할 수 없는 요소다.

개인마다 성장환경, 가정환경, 교육 정도, 소통력, 성격 등 다양한 변수가 있는 만큼 자신의 성공잠재지수를 파악하게 되면 얼마나 더 노력해야 하며 어떤 부분에 더 집중해야 하는지 보다 정확한 원인 분석이 가능하다. 이를 위해 어떻게 성공잠재지수를 정교화할 수 있는지는 쉽지 않은 과제다.

:: 성공잠재지수(SPI, 50점)

1. 각 개인의 태생적 조건(15)

   1) 외형적 조건

   2) 내형적 조건

2. 교육환경(10)

   1) 교육환경의 우수성

   2) 교육 인프라/시스템 선택

3. 지도자 접근성(10)

   1) 우수 지도자 접근 가능성

   2) 지도자의 열의, 지도력

4. 부모의 교육열과 여건(15)

   1) 부모의 교육 정도, 교육열

   2) 재정지원 여건

2) 성공개발지수 (SDI, Success Developing Index)

성공개발지수란 각 개인이 후천적으로 성공을 위해 어떤 노력과 의지를 보이고 있는가를 나타내는 척도를 의미한다. 성공개발지수가 높다면 당연히 성공에 대한 높은 의지와 훈련을 하고 있는 사람으로 간주할 수 있다.

성공개발지수 역시 각 개인별 가치관, 성격, 지적능력, 교육 정도, 집중력, 열정 등에 따라 변수가 다양하게 나타난다. 성공법칙을 만든 것도 바로 이런 성공개발지수에 대한 분석을 바탕으로 했다. 각 개인의 성공과 실패를 가르는 변인, 성공의 가능성을 수리적으로 가늠해 보는 척도로 성공개발지수라는 것을 만들어 보았다. 이 역시 보다 더 많은 실험을 통해 정교화하는 과제가 남아 있는 셈이다.

성공지수(SI, 200) = 성공잠재지수(SPI, 50) + 성공개발지수(SDI, 150)

성공잠재지수(SPI, 50)

1. 각 개인의 태생적 조건(15)

    1) 외형적 조건

    2) 내형적 조건

2. 교육환경(10)

    1) 교육환경의 우수성

    2) 교육 인프라/시스템 선택/지원의 다양성

3. 지도자 접근성(10)

    1) 우수 지도자 접근 가능성

    2) 지도자의 열의, 지도력

4. 부모의 교육열과 여건(15)

    1) 부모의 교육 정도, 교육열

    2) 재정지원 여건

성공개발지수(SDI, 150)

1. 품성(35)

    1) 정직성

    2) 사회성/예의

3) 겸손

4) 'No'의 기술과 능력

5) 동반자와의 관계

2. 지성/지혜(30)

1) 자기분석/자기성찰

2) 독서

3) 커뮤니케이션 스킬

4) 자기표현력

3. 성취의지(50)

1) 도전정신/인내력

2) 목표의 구체성

3) 동기부여 정도

4) 성실성

4. 생활습관/태도(35)

1) 시간개념/약속

2) 스포츠/건강

3) 긍정적 태도

4) 칭찬습관

5) 헌신정신

*밑줄 친 항목은 가중치를 부여하는 것이다.

3) 성공지수를 활용하는 4가지 방법

첫째, 성공지수가 보편적으로 높게 나온 경우

성공지수가 높게 나온 경우는 성공잠재지수(SP)와 성공개발지수
(SD)를 합하여 높은 수치가 나오는 것을 말한다. 타고난 잠재력에다
좋은 지도자를 만나 노력까지 하면 큰 성공을 거두게 된다. 역도의
장미란, 피겨 스케이팅의 김연아 등이 대표적인 경우다.

성공하는 사람들의 공통점을 보면 최소한 두 개의 지수 중 하나가
높거나 둘 다 높거나 한다. 가장 이상적인 경우이며 이 두 수치가 모
두 높게 나오는데 실패하는 경우는 거의 없다.

둘째, 성공잠재지수는 높지만 성공개발지수가 낮은 경우

성공잠재지수가 높다는 것은 그만큼 성공할 확률이 높은 환경조건
을 갖고 태어났다는 것을 의미한다. 그러나 성공개발지수가 이를 보
완해 주지 못한다면 선천적 요소가 별 효능을 발휘하지 못한다는 것
을 의미한다.

어린 시절 영재, 천재 등으로 매스컴의 화려한 조명을 받았지만 평
범 이하로 잊혀진 수많은 실패자들이 여기에 속한다. 특별한 재능을
타고났더라도 역경을 딛고 일어서는 노력과 용기, 끈기 등이 바탕이
되지 않을 때 성공은 멀다는 것이다.

셋째, 성공잠재지수는 낮지만 성공개발지수가 높은 경우

선천적으로 부족한 조건에 태어났지만 훈련과 교육을 통해 꾸준히 자기계발에 성공한 경우를 말한다. 자신의 불리한 여건을 뛰어넘었다는 점에서 성취욕과 성실성, 집중력 등은 높이 평가된다. 세상 사람들은 이런 약점 혹은 콤플렉스를 극복하고 성공의 길로 가는 데 더욱 환호하는 법이다.

발명왕 에디슨은 학교 교육도 제대로 받지 못했지만 특유의 성실함과 집념으로 큰 성공을 만든 주인공이다. 비록 성공잠재지수는 낮았지만 성공개발지수가 높은 대표적 케이스다. 축구선수 박지성은 군대에도 갈 수 없는 평발로 세계적인 선수가 됐다. 그는 비록 성공잠재지수는 낮은 편이었지만 성공개발지수는 매우 높게 나타난 케이스다. 골프의 신지애 선수 역시 체형이나 키, 교육환경 등의 잠재지수는 낮았지만 이를 뛰어넘는 성실성으로 세계 지존의 자리에 올랐다. 성공잠재지수보다 성공개발지수가 높은 경우 대부분 성공을 이루는 데 별 문제가 없어 보인다.

넷째, 성공잠재지수도 낮고 성공개발지수도 낮은 경우

실패하는 사람 상당수가 아마 이 경우에 속한다고 생각할 수도 있다. 잠재지수도 변변치 않은데 후천적 노력조차 신통치 않아 성공지수가 낮다면 매우 심각한 상황이라는 인식이 먼저 필요하다. 이런 낮은 지수로는 어느 직장 어느 직책에 가더라도 성공보다 실패가 더 가깝다.

따라서 요소별 정밀분석을 해서 낮은 점수를 얻은 성공요소를 집중적으로 보완해야 한다. 쉽게 말하자면, 머리도 나쁘면서 공부도 하지 않고 시험성적을 최소한 90점 이상을 기대하는 경우다. 성공을 포기하든가 성공지수를 높이기 위해 노력하든가 둘 중 하나 외에는 선택의 여지가 없다. 성공은 이를 원하고 바라면서 동시에 합당한 혹은 기대 이상의 노력을 기울이는 사람에게 찾아오는 영광의 월계관이다.

성공지수는 통계학 전문가 등과 함께 각 항목에 수치를 부여하고, 분야에 따라 가중치를 부여하는 등 보다 정밀화 작업을 진행하고 있다. 또한 이를 토대로 수백 명을 상대로 실험을 하고 있는 만큼 아직 완전하게 공개할 단계는 아님을 밝힌다. 그러나 보완과 함께 실험 과정을 거친 후 공식과 수치 해석법 등을 논문과 저서를 통해 밝힐 것을 약속한다.

다음은 자가진단표인데 공식에 따라 몇 점 정도가 나오는지 확인해 보기 바라며, 보다 정확한 통계수치에 대한 분석은 따로 연락하기 바란다.

성공지수(SI, 200) = 성공잠재지수(SPI, 50) + 성공개발지수(SDI, 150)

성공잠재지수(SPI, 50)

	매우 우수하다	우수하다	보통이다	좋지않다	매우 좋지않다
1. 각 개인의 태생적 조건(10)					
1) 외형적 조건	5	4	3	2	1
2) 내형적 조건	5	4	3	2	1
2. 교육환경(10)					
1) 교육환경의 우수성	5	4	3	2	1
2) 주변 인적구성의 경쟁력	5	4	3	2	1
3. 지도자 접근성(10)					
1) 우수 지도자 접근 가능성	5	4	3	2	1
2) 지도자의 열의/지도력					
4. 부모의 교육열과 여건(20)					
1) 부모의 교육 정도, 교육열	5	4	3	2	1
2) 재정지원 여건	5	4	3	2	1

성공개발지수(SDI, 150)

	매우 우수하다	우수하다	보통이다	좋지않다	매우 좋지않다
1. 품성(35)					
1) 정직성	5	4	3	2	1
2) 사회성/예의	5	4	3	2	1
3) 겸손	5	4	3	2	1
4) 'No'의 기술과 능력	5	4	3	2	1
5) 동반자와의 관계	5	4	3	2	1
2. 지성/지혜(30)					
1) 자기분석/자기성찰 5	4	3	2	1	
2) 독서	5	4	3	2	1
3) 커뮤니케이션 스킬	5	4	3	2	1
4) 자기표현력	5	4	3	2	1
3. 성취의지(50)					
1) 도전정신/인내력	5	4	3	2	1
2) 목표의 구체성	5	4	3	2	1
3) 동기부여 정도	5	4	3	2	1
4) 성실성	5	4	3	2	1

```
4. 생활습관/태도 (35)

   1) 시간개념/약속        5      4      3      2      1

   2) 스포츠/건강          5      4      3      2      1

   3) 긍정적 태도          5      4      3      2      1

   4) 칭찬습관            5      4      3      2      1

   5) 헌신정신            5      4      3      2      1

*밑줄 친 항목은 가중치를 부여하는 것이다.
```

자가진단은 정직하게 자신을 분석하여 분야별 성공지수를 알아보고자 하는 데 목적이 있다. 수치나 결과를 알게 되면 스스로 정확한 진단을 하는 데 방해가 되므로 가중치 여부 등에 의미를 둘 필요 없이 깊이 생각하지 말고 바로바로 체크하는 식으로 작성하면 된다. 그 결과를 토대로 개인별 강점과 약점, 보완해야 할 부분 등을 진단하게 된다.

성공도 행복도 꿈꾸는 자의 것이다

얼마 전 공개적인 장소에서 나는 매우 곤혹스런 상황에 처했다. 아주 부적절한 소재로 부당하게 일방적 공격을 당한 것이다. 단언컨대 이 책을 쓰기 전이었다면 나는 모든 논리와 지식을 동원하여 상대에게 감정적인 공격을 퍼부었으리라.

그러나 그 난처한 상황에서 나는 가까스로 평정심을 유지할 수 있었다. 그것은 바로 성공학에서 배운 성공한 사람들의 자기억제력을 실천하는 한 실험장이기도 했다. 겨우 나를 추스르며 '침묵'으로 넘겼지만 그 후유증은 만만치 않았다. 불면의 밤에 시달리며 분을 다스리기 힘들었기 때문이다. 당사자로부터 사과를 받았지만 상처난 자존심과 감성은 쉽게 치유되지 않았다.

분명한 것은 상황이 더 악화될 수 있었음에도 나는 '성공법칙 25, 자기억제력을 발휘하라'는 문법을 적용하여 위기를 간신히 극복했다는 점이다. 이렇게 나를 훈련시키는 것이 쉽지 않지만 조금씩 개선, 향상되고 있다는 데 큰 만족감을 느낀다. 때로는 자신이 형편없게 느껴질 때도 있지만 이런 경우 자신에게도 박수를 보내고 싶다. 생활 속에 어려운 일을 만난다는 것은 자신을 한 단계 더 성장시킬 수 있는 계기가 된다고 믿는다.

이 책을 준비하면서 나는 또 다른 새로운 도전에 직면했다. 바로 성공지수 개발이다. 놀랍게도 수많은 자기계발, 성공 관련 서적들이 있지만 성공지수를 따로 만든 것은 없었다. 내가 과문하여 찾지 못한 거라면 순전히 나의 잘못이지만, 적어도 이 책을 마칠 때까지는 접하지 못했다.

이것은 곧 그만큼 성공지수를 개발하기가 어렵거나 일반화한다는 것이 무의미할 수도 있음을 의미한다. 성공의 개념 정의부터 각 개인마다 수많은 상황 변수 속에서 성공과 실패가 엇갈리는데 그것을 수치화한다는 것은 곧 불가능에 가깝다고 판단할 수도 있다. 혹시 크게 알려지지는 않았지만 어딘가 그런 지수, 연구가 있을 수도 있다.

이런저런 상황을 감안한 뒤 나는 다소 무리해 보일지라도 나름의 성공지수 개발은 의미가 있다고 생각했다. 또 다른 방식으로 접근하여 각 개인에 대한 성공지수를 분석, 개선할 수 있다면 그 자체가 의미 있는 일이라고 생각한 것이다.

이제 남은 일은 여기 준비한 성공지수 측정안을 가지고 다양한 부류의 사람들을 상대로 장기간에 걸쳐 실험과 분석을 반복해서 보다 정교화, 전문화, 체계화하는 일이다. 앞으로의 과제가 만만치 않지만 이왕 시작한 성공학 연구에 더욱 힘을 쏟고자 한다.

저널리즘 연구 자체가 극단적인 삶을 살아간 사람들의 성공과 실패 이야기, 이를 보도하는 언론의 메커니즘에 관한 연구인 만큼 많은 유사성과 공통점이 내재되어 있다. 인간을 위해 존재하는 미디어, 인간관계를 형성하는 매스커뮤니케이션 등 이를 제대로 연구하기 위해서는 인간에 대한 연구가 먼저 바탕이 되어야 한다고 믿는다.

"지식인으로 성공지상주의에만 빠지는 현대인들에게 브레이크를 걸 수 있는 지혜가 바로 인(仁)과 덕(德)이다. 자만에 빠지지 않게 하고 목표를 위해서는 수단과 방법의 도덕성을 묻지 않는 사회에서의 인과 덕이란 자신을 보는 거울이며 잣대일 수 있다."(내 인생의 성공학 인당 리더십, 2009)

인당 백낙환 박사는 성공지상주의를 경계하면서 대신 인과 덕을 틈만 나면 강조했다. 나는 이 책을 통해 성공지상주의를 전파하려는 것이 아니다. 인성교육의 위대함과 중요성을 통해 각자 개성 있는 멋진 삶, 행복한 삶을 가꿔 나가기를 희망한다.

성공도 행복도 꿈꾸는 자의 것이다. 무엇을 원하는가. 무엇이 되고 싶은가. 세상은 간절히 원하는 사람들에게는 무엇이든 열려 있다는 것을 나는 체험으로 확신한다. 내가 이루지 못한 것이 있다면 그것은 내가 간절히 원한 것이 아니었으리라.

이제 결론을 맺는다. 나는 진정으로 내 삶에 가장 큰 영향을 주고 바른 길로 인도해 준 인생의 스승, 인당 백낙환 박사를 모시고 일하게 된 행운에 감사한다. 그로 인해 이런 책을 만들자는 생각도 갖게 됐고 또한 빛을 보게 됐으니 얼마나 감사한 일인가. 다만 이 책 곳곳에 나타나는 인당의 이야기가 일반 독자들에게는 나처럼 경험해 보지 못한 만큼 자칫 오해나 거부감을 줄 수도 있다는 점은 양해를 구해야 할 것 같다.

성공은 변덕이 심해서 조금만 방심하거나 교만해지면 금세 모습을 바꾼다는 것도 알게 됐다. 작은 성취를 가볍게 여기지 말아야 한다는 교훈도 중요하다. 범사에 감사하며 사소한 것에도 소홀하지 않기 위해 노력해야겠다. 성공학의 교본, 인당 백낙환 이사장의 나눔과 베품, 사랑의 삶을 목격하면서 배우는 것은 일상의 즐거움이다. 독자들과 이 즐거움을 함께 할 수 있다면 더 이상 바랄 것이 없다.

무엇이
내 가슴을
뛰게 하는가

무엇이
내 가슴을
뛰게 하는가

펴낸날 초판 1쇄 · 2011년 3월 5일
        초판 2쇄 · 2012년 9월 5일

지은이 김창룡
펴낸이 서용순
펴낸곳 이지출판

출판등록 1997년 9월 10일 제300-2005-156호
주소 110-350 서울시 종로구 운니동 65-1 월드오피스텔 903호
대표 전화 02-743-7661 팩스 02-743-7621
이메일 easy7661@naver.com

ⓒ 2011 김창룡

값 12,000원

ISBN 978-89-92822-66-4 03320

이 도서의 국립중앙도서관 출판시도서목록(CIP)은
e-CIP 홈페이지(http://www.nl.go.kr/cip.php)에서 이용하실 수 있습니다.
(CIP 제어번호: CIP 2011000717)